(사랑) 대신
(투쟁) 대신
(복수) 대신

표지 설명

흰색 바탕. 표지를 위아래로 나누어 위쪽 절반에는 책 제목 '사랑 대신 투쟁 대신 복수 대신'이 세 행에 걸쳐 있다. 첫 번째 행에는 '사랑 대신' 그다음 행에는 '투쟁 대신' 마지막 행에는 '복수 대신'이 굵은 정사각형꼴의 고딕체로 쓰여 있으며, '사랑', '투쟁', '복수'의 앞뒤로 빨간색 소괄호가 씌워져 있다. 아래쪽 절반에는 빨간색 하트가 그려져 있고, 하트의 안에는 거칠게 그린 뾰족뾰족한 검은색 별이 여러 개 들어 있다. 중앙에는 이 책의 부제 '낮에는 여자 대통령을 만들고 밤에는 레즈비언 데이트를 한 117일'과 저자의 이름 '심미섭'이 쓰여 있다. 부제와 저자의 이름을 따라 밑줄이 그어져 있는데, 이는 줄 공책을 떠오르게 한다. 맨 아래 가장 오른쪽에는 이 책을 펴낸 출판사 '반비'의 로고가 있다.

이 책이 전자책, 오디오북, 점자책 등으로 만들어질 때 표지 디자인을 전달할 수 있도록 간단한 표지 설명을 덧붙인다.

(사랑) 대신
(투쟁) 대신
(복수) 대신

| 낮에는 여자 대통령을 만들고 | 밤에는 레즈비언 데이트를 한 117일 | 심미섭 |

반비

추천의 말

심미섭은 내가 기다려 온 작가다. 적나라할 만큼
솔직하고 처절할 만큼 분투하는 이런 레즈비언
이야기를 드디어 뜨겁게 접할 수 있어서 기뻤다.
심미섭은 정면 승부를 한다. 자신의 존재만으로
이 시대를 증명해 보이겠다고 선언하고, 『사랑 대신
투쟁 대신 복수 대신』으로 완벽하게 실천해 낸다.
심미섭의 이 산문집을 읽고서야 나는 알았다.
내가 항상 기다려 온 것은 새로운 세계가 아니었다.
새로운 세계를 꿈꾸는 사람이었다.
—임솔아(소설가·시인)

동성 애인과 막 헤어진 페미니스트 활동가가
홧김에 진보 정당의 대선 캠프에 들어가 새로운
일상을 꾸리며 써 내려간 '페미니스트 난중일기'.
이런 박진감 넘치는 일기는 본 적이 없다. 심미섭은
편집자 엄마에게 물려받은 매끈한 언어를 횃불처럼
쥐고 레즈비언 연애부터 진보 정치까지 온갖 모순과
감정으로 가득한 삶의 한가운데를 당당히 가로지른다.

12·3 계엄 직후 첫 탄핵 표결을 앞둔 국회 앞
광장에서 거침없이 페미니스트의 이름으로 '소수자
혐오 없는 광장'을 요구한 심미섭이 어떻게 자기
자신이 되어 왔는지 궁금하다면 이 책을 권한다.
―장혜영(전 국회의원)

선거 캠프, 광장, 망한 연애, 그리고 레즈비언
앱에서의 만남까지. 여성·성소수자·진보 정치 같은
말 옆에 레즈비언 앱·철학·취향 같은 단어들이
놓이며 이 책을 읽기 전까지는 전혀 연결되지 않았을
단어들이 재조립된다. 말할 자리가 없으면 스스로
무대를 만들고 동료를 모아 방파제를 짓는 레즈비언
페미니스트 심미섭은 이제 책을 통해 자신이 짓고
만들어 낸 세계로 초대한다. 하고 싶은 이야기가
있는데 해도 될까 망설인 적이 있는 사람에게 특히
권하고 싶은 책이다
―권김현영(여성학자)

명품 백 대신 철학 책을 집어던지며 운다. 사유의
펜트하우스에서 야경을 내려다보며 운다. 포르쉐
대신 속도계에 마하를 띄우는 반야의 등에 업혀
질주한다.(아니, 업힌 쪽이 반야였나?) 이토록 고급스러운 슬픔은 처음이라는 뜻이다. 심미섭은 평생을 고뇌하고 되돌아보고 읽고 앓으며 자신의 슬픔을 설명할 말들을 악착같이 그러모은 거부(巨富) 같다. 그렇게 모은 언어로 이 책에서 엮어 낸 것은 문장이 아니라 탯줄이다. 이제 섹시 카우보이 복장으로 등장한 심미섭은 그 탯줄로 올가미를 만들어 빙빙 돌린다. 지난날 처절하게 사랑했던 엄마 '들'에게 탯줄을 되돌려줄 시간이다.
—현호정(소설가)

차례

프롤로그 11

일기들 15

에필로그 301

일러두기
- 이 책에 등장하는 연애와 데이트 상대에 관한 언급은 모두 각색한 것이다. 만난 시기와 특징, 함께한 일 등은 작가가 새롭게 꾸몄다. 타인의 삶을 존중하고 아웃팅을 방지하기 위해서다. 실제와 같은 내용이 있더라도 이는 우연에 의한 것임을 밝힌다.
- 불필요한 추측을 막기 위해 일부 정치인과 단체의 이름은 익명 처리했음을 밝힌다.

프롤로그

어느 순간에는 언어가 나에게서 터져 나올 것 같았다.

하지만 언어는 터트려서는 안 되는 것이었다. 잘 다듬어, 그러니까 마음속에 둑도 쌓고 보도 만들고 물길을 예쁘게 내서 한 줄, 많아야 서너 줄기로 졸졸 내보내야만 하는 것이었다. 내 몸에서 터트리듯 나올 수는 없었다. 글이든 말이든 언어는, 항상 다듬어진 채로 나와야만 했다.

나는 쓰는 동시에 편집까지 하는 게 아닐까 싶은 순간이 있다. 편집자 엄마 밑에서 자란 탓일까? 그런 작가 이야기는 좀처럼 들은 적이 없다. 다들 어떻게 글을 쓰는지 모르겠다.

편집자였던 엄마는 소위 한국 문학 부흥기에 유명했던 작가들 이름을 대며 엉망인 문장과 구구절절 늘어지는 서사를 당신이 다 고쳐 주었다고 했다. 아빠의 데뷔작에서 첫 문장이 얼마나 엉망이었는지, 또 몇 문장이나 더 쳐냈는지 말하고는, 자기 글을 망친다고 화를 냈던 아빠가 편집본을 보고 수긍했다며 으쓱했다. "자기가 보기에도 그게 더 나으니까."

나는 책과 함께 태어났다. 나 자신과 마찬가지로 책은 편집자와 작가가 같이 만든 존재다. 그러나 책장 어디에도 엄마의 이름은 없었다. 곧잘 글을 쓰는 내게 어른들은 피는 못

속인다고 말했다. 그럴 때면 나는 "엄마 피 말하는 거죠? 아빠 피는 아니었으면 좋겠는데."라고 받아쳐서 그들을 당황시키곤 했다. 어떤 이들에겐 아무래도 편집자보다는 작가가 더욱 '쓰는 사람'으로 느껴지나 보다. 내가 보고 자란 모습은 그렇지 않은데.

누군가가 나에게 글 쓰는 법을 물려주었다면, 그건 분명 엄마였다. 가나다를 배울 때부터 이미 나는 하려는 말을 머릿속에서 여러 번 다듬은 후에야 내보내는 데 익숙했다. 그림일기를 쓸 때도 검열의 과정을 거쳤다. '검열'이라면 엄마는 좀 억울할 수도 있다. 내 일기에 이래라저래라 한 적은 없으니까. 그러나 아주 어려서부터 나의 글은 나와 엄마의 합작품이었고, 나 스스로 쓸 수 있게 되면서부터는 엄마의 첨삭이 뒤따랐다. 글을 팔아 먹고살 수 있게 된 지금도 문장을 늘일 때면 엄마의 힐난이 머릿속에서 울려 퍼진다.

엄마의 글쓰기 원칙은 분명했다. 쉽게 쓸 것. 문장을 나눌 수 있을 만큼 나눌 것. 장식적이지 않고 간명하게 다듬을 것. 그 원칙을 따르지 않고서는 글을 쓸 수 없다고 생각했던 적도 있다. 글은 지문(指紋)과 같아서, 백 명의 사람이 있다면 백 개의 글쓰기 방식이 있을 것이다. 그러나 교정과 교열은 정해진 몇 가지 원칙에 따라 이루어진다. 제멋대로인 문장을 다듬어 멀끔한 글을 완성해야 한다는 강박 속에 쓰는 일은 작가보다는 편집자의 방식에 가까웠다.

글을 잘 쓰고 싶지는 않았다. 그러나 솔직한 글을 쓰고는 싶었다. 검사받을 것을 염두에 두고 쓴 일기는 솔직하기 어렵다. 간명하게 다듬어져 있을 뿐이다. 언젠가부터 나는 한 문장을 쓰기가 무섭게 들려오는 엄마의 목소리에 "조용히 해!"라고 윽박지르기 시작했다. 그러니 참지 못해 지르는 비명처럼 언어가 몸 밖으로 팡 터져 나왔다.

  한때는 화려하고 복잡하게 꾸민 글은 다 거짓이라고 생각했다. 사람 마음은 그렇게 이루어지지 않았으니까. 하지만 남의 속은 그렇게 생겼을지도. 애초에 타인의 마음을 내가 어떻게 들여다보겠는가? 다만 내 것으로 미루어 짐작했을 뿐이다. 내 마음에는, 폭포 같은 것은 전혀 없었다. 산꼭대기에서는 물이 조금 쏟아져 내려올지도 모르지만, 어쨌든 잘 구비해 놓은 유수 시설을 거치면 물은 아름답고 고요하게, 졸졸졸 흐르게 되는 것이었다. 아무리 슬퍼도 눈물은 한 방울씩만 흘릴 수 있듯이.

  그러나 땅을 파고 벽을 쌓아 만들어진 마음도 결국은 내가 만든 것이었다. 무엇으로 만들었냐면, 언어라는 호미와 삽 그리고 벽돌로. 그러니까 나는 처음부터 유산 속에서만 빙빙 돌고 있었을지도 모른다. 내 마음에는 원래부터 폭포가 없었던 것이 아니라 폭포를 만들, 혹은 그대로 놓아둘 재료를 구하지 못했을 뿐인지도 모르겠다.

  경복궁역에서 나와서 '이상의 집'을 지나 15분가량 언덕을 걸어 올라가면 마을버스 종점 자리에 갑자기 계곡이 하나 나온다. 원래 흘렀던 물을 시멘트로 덮어 아파트를 세웠던 자리라고 했다. 그걸 다 부순 다음에 복원한 계곡이라고. 서울 한가운데에 뜬금없이 흐르게 된.

(D-116)

2021년
11월 13일 토요일

엄마를 잃었다. 한 번도 가져 보지 못한 엄마를. 서울의 방 두 개짜리 작은 집 그보다 더 작은 침대 속에서. 진한 남색 이불을 온몸에 두른 나는 페이스타임으로 엄마를 잃었다. 여자친구와 헤어졌다는 뜻이다. 아아, 레즈비언 연애의 징그러움이여.

    원래는 샌프란시스코에 가려고 했다. 5년 넘게 만나던 여자친구와 떨어져 지낸 지도 1년이 넘은 시점이었다. 코로나 때문에 여행이 몇 번이나 취소되었다가 마침내 그를 만나러 가기 위해 짐을 싸고 있었다. 출국까지 한 달도 채 남지 않았다.

    겨울을 통째로 따뜻한 도시에서 보내려 했다. H네 집 테라스나 바로 그 앞 해변에 눕듯이 앉아 논문을 쓸 계획이었다. H는 우리가 함께 듣던 와인 세미나에서 추천한 나파 밸리 와인을 한 박스 주문해 놓았다고 했다. 바다와 와인과 섹스. 철학과 석사 과정을 수료하고도 한참을 미루던 졸업 논문을 완성하려면 그 정도는 있어야 했다.

    충분히 사려 깊은 내 친구들은 위로하기에 앞서

D-DAY
3월 9일 수요일

당황을 감추지 못했다. "뭐야, 너희는 정말 백년해로할 줄 알았는데." 남의 연애에 섣부른 예측은 절대 하지 않는 신중한 친구조차 말했다. "곧 H에게 연락 와서 다시 만나겠지." 주변인조차 부정할 정도로 갑작스러운 이별. 하지만 H를 가장 잘 아는 사람은 나였다. 끝이라는 사실만은 분명했다.

롱디는 원래 이런가? 어제까지 서로 "사랑해."라고 말하며 전화를 끊다가 오늘은 갑자기 헤어지다니. 물론 울며 매달렸다. 연애는 참 이상하다고. 두 사람이 동의해야만 시작하는데 한 사람이 통보만 하면 끝이 난다고. 너무 가혹하다고.

"상황이 이러니 어쩔 수 없지." 그는 칼같이 말을 잘랐다. 다음 달이면 내가 거기로 가니까 그때까지 기다려 달라는, 내가 지금 당장 갈 테니 비행기 표 끊겠다는 어떤 설득도 받아들여지지 않았으며, 그렇게 혼자가 되었다. 얼굴을 맞대고 마음을 맞춘 채로 협의할 수 있는 이별이란 환상인가.

연애는 끝났다. 모든 것이 사라진 와중 다행히도 비행기 티켓만은 수수료 없이 취소할 수 있었다. 코로나 시대의 유일한 덕이었다. H가 당장이라도 전화해 싹싹 빌면서 미안하다고, 내가 실수했다고 하지는 않을까? 그 희망을 혼자서 놓을 용기는 없었다. 친구들을 줌으로 모아 내 인터넷 창을 공유했고, 다 같이 "하나, 둘, 셋" 하고 티켓 취소 버튼을 눌렀다. 나는 울지 않았다.

이별 후에 할 일

1. 조이(레즈비언 소개팅 앱)에 사진 업로드.
2. 인스타그램에서 커플 사진 지우기.

눈물이 나려고 할 때마다 통속적이고 뻔한 이별의 과정을 충실히 수행했다. 내 나이 서른. 좀 더 성숙하고 멋진 이별을 할 수 있을 줄 알았는데. 할 수 있는 만큼 뻔한 방식으로 난리를 쳐야만 속이 시원했다. 아! 넷플릭스 가족 계정에 등록된 H의 프로필도 지워 버렸다. 모바일로는 할 수 없다기에 굳이 컴퓨터까지 켜서. 정말 내가 이렇게나 치사하다.

3. 넷플릭스 가족 계정에서 H를 추방하기.
4. ○○당 대선 캠프에 들어가기.

갑자기 대선 캠프에 들어가야겠다는 생각이 들었다. 친구들에게는 샌프란시스코에서 보내려고 했던 3개월이 대선 기간과 얼추 들어맞는다고 설명했다. 그게 이유의 다는 아니었는데. 단순히 몰두할 대상이 필요해서였을까? 아니면 H에 대한 복수심에서였을까?

샌프란시스코로 떠나고 H는 늘 한국 밖에 있어서 마음이 편하다고 했다. 차별과 분노, 부조리에서 한발 떨어져 살기 때문에 우울증이 심해지는 걸 막을 수 있었다고 말했다.

글쎄, 나도 외국에 살아 봤지만 내가 겪은 상황은 반대에 가까웠다. 사회의 맥락 속에서 아예 지워진 사람, 심지어 투쟁의 주체도 되기 힘든 사람. 소수자가 아닌 투명 인간으로 살아가는 경험을 유쾌하다고 할 수는 없었다. 솔직하게 말하면, 그저 지독하게 외로웠다. 어떤 상황에서 더 행복할 수 있는지는 개인의 성향에 따라 다르겠지만, H에게 보여 주고 싶었다. 나는 여기서 싸우겠다고. 모두가 그럴 수는 없지만, 난 그럴 수 있는 사람이라고.

나도 '탈조선'을 꿈꾼 적이 있었다. 20대 초중반에는 그 막연한 희망이 아주 크기도 했다. 그렇지만 나는 너를 만나고 비로소 한국에 살아도 괜찮겠다고 생각했어. 너를 사랑하면서 살아간다면 이 못생긴 도시 서울도 꽤 낭만적이고, 아름답다고. 물론 화나고 스트레스 받는 일도 많지만, 충분히 투쟁하며 살아갈 수 있을 거라고 생각했는데. 너는 나를 만나고 나서야 외국에 나가고 싶어하더라. 내 덕분에 유학을 할 용기가 났다고도 했고. 그게 무슨 말이야? 내 덕에 나와 떨어져 지낼 수 있게 되었다니? 난 사실 서운했어.

(D-113)

11월 16일 화요일

친구들에게 우리 집 주소와 현관 비밀번호를 알려 주며, 때때로 전화해서 나의 생사를 확인해 달라고 부탁해 놓았다. 막상 내가 그 연락을 피할 수도 있지만 그래도 좀 챙겨 달라고. 나의 법적 가족, 그러니까 엄마와 남동생 전화번호까지 단체 카톡방에 올려놓았다. 유난인가? 내가 이렇게 만약의 만약까지 대비해야 친구들도 덜 걱정할 것이다. 자살 사고가 있는 건 아니지만 몸이 너무 안 좋다. 악몽과 가위눌림을 반복하다가 아침을 맞았더니 너무 힘들다. 게다가 정신과와 정형외과에도 가야 한다. 택시 타고 갈까. 좀 걷는 게 나으려나.

    한편 자괴감으로 스스로를 괴롭히고 있다. 세상 사람들은 별일을 다 겪고도 직장 다니고 논문 쓰고 생산적인 일을 하는데 나만 못하는 것 같다. 저 어느 가능 세계의 미섭이는 회사에 다니고 있겠지. 여자친구한테 차이든 말든 아침에는 벌떡 일어나 출근해서 사회가 부여한 업무를 할 것이다. 출근길과 퇴근길에는 계속 울더라도. 그런 미섭이에게 자꾸만

D-DAY
3월 9일 수요일

열등감을 느낀다. 또 어떤 미섭이는 대학에서 성폭력을 당하지 않았으며, 누군가를 고발하지도 않고, 철학과 대학원 연구실에 마련된 은행잎이 떨어지는 창가 자리에 계속 앉아 있을 것이다. 그 자리에 앉아 논문을 한 줄이라도 쓰고 있을 미섭이를 나는 상상할 수 없을 정도로 부러워한다. 그런데 이 세계의 미섭이는 슬프다는 이유로 그냥 누워 있다. 이래도 되나.

이렇게 아무 쓸모도 없는(신자유주의적 생각 이제 그만!) 하루하루를 보낼 거라면 차라리 입원하는 게 낫겠다. 환자복을 입고 병실에 누워 있으면 나조차도 스스로를 탓할 수 없을 테니까. 나를 사랑하지 않는 사람들의 숙련된 돌봄 노동을 돈으로 사고 싶다.

(D-111)

11월 18일 목요일

선거 캠프에는 어떻게 들어가는 것일까? 알바몬이나 사람인에 채용 공지가 올라오지도 않는데. ○○당에 전화를 해야 하나 고민하고 있었는데 마침 기회가 생겼다. 함께 페미니스트 운동 단체 '페미당당' 활동을 하던 미나가 ○○당의 대선 후보 S, 국회의원 J와 함께 토크 콘서트를 한다는 소식을 들은 것이다. 미나에게 뜻을 미리 말하고 행사 장소로 갔다. 신촌에 있는 카페였는데, '청년'을 만나는 자리라고 해서 여기로 장소를 정했나 싶었다.

    행사는 미나가 새로 낸 책을 기반으로 하는 북토크 겸 토크 콘서트였다. 그 책에는 페미당당 이야기를 다루는 꼭지가 있고, 내 인터뷰도 실렸다. 자살 시도를 한 예지를 돌봤던 경험. 당연히 그 경험의 당사자는 예지이고 나머지는 주변인일 뿐이지만, 주변인으로서 우리의 충격과 트라우마 역시 분명히 실존한다는 내용이었다. 목숨을 잃을 뻔한 사람은 따로 있는데 나도 그 일로 괴로웠다고 말하는 게 이기적으로 들릴까 봐 몇 년을 삭히다 겨우 꺼내 놓은 이야기다.

D-DAY
3월 9일 수요일

돌봄은 타인의 고통 옆에서 존재하기를 선택함으로써 자발적으로 주인공의 자리에서 벗어나는 일이다. 이 노동을 페미당당 친구들은 돌아가며 했다. (페미당당 단체방에는 이런 공지가 띠 있다. 긴급 상황에 대치하기 위한 방안이었다. 1. 생각을 멈춘다. 2. 약을 먹는다. 3. 여기 이야기한다.) 나는 특히 많이 돌보기도 하고, 돌봐 달라는 요청도 자주 했다. 어디로 나아가는지도 모르면서 우리는 손을 잡고 서로를 인도했다.

S는 미나의 책을 읽었을까? 그건 아닌 것 같았다. '20대 여성의 우울'이라는 책의 주제가 ○○당 대선 캠프의 청년 정책과 맞아떨어져 꾸려진 기획인 듯했다. 그래도 행사가 열려서 좋았다. 어쨌든 그는 우리의 고통에 관심을 가지는 정치인이다. 참 고마웠다. 누군가는 그 모든 것이 전략인데 정치인에게 고마움을 느끼다니 바보 같다고 조소하겠지만, 그래도.

행사가 끝나고 J에게 다가가 나를 고용해 달라고 부탁했다. 생애 처음으로 하는 청탁이었다. J와는 그가 국회의원이 되기 전에 시위 현장에서 몇 차례 마주친 사이였다. 그런데 나는 그에게 본격적으로 말을 붙이기 위해 꽤 오래 기다려야 했다. J가 "후보님 모셔다 드리고" 올 때까지 카페 사장과 함께 어색하게 서 있었다.('모셔다 드린다'는 게 고작 엘리베이터에 후보를 우선 집어넣는 정도의 일이지만.) 묘하게 사이즈가 큰 정장을 입고 쭈뼛거리며 S와 사진을 찍으려고 다가오는, 구 의원을 준비한다고 자신을 소개하는 남자애들을 피해 가면서.

    아무튼 캠프에서 일하고 싶다는 내 말에 J는 아주 기뻐했고 반겨 주었다. 나는 조금 우쭐해지고 또 기운이 났다. 농담을 좀 했는데 그가 이해한 것 같지는 않았다. 우리는 번호와 이메일을 교환하고 헤어졌다. 신촌 거리는 황량했고 그곳을 벗어나려는 사람들은 초조해 보였다.

(D-107)

오른쪽 귀에 이명이 생겨서 동네 이비인후과에 갔다가 그냥 두면 괜찮아질 거라는 진단을 받았다. 그래도 검사를 해 달라고 우겼다. 검사를 성실하게 받고 "아무 문제 없는데요, 뭘."이라는 의사의 퉁명스러운 말을 들어야만 안심이 될 것 같았다.

    진료실로 돌아가 검사지를 살펴보던 의사는 콧방귀를 뀌는 대신 "아이고!"라고 했다. 심장이 쿵 떨어졌다. "검사를 해 보길 잘했네요."(내가 하자고 했잖아?) 진단서를 휘갈겨 써서 주더니 상급 병원으로 바로 가 보라고 한다. 어리둥절한 상태로 바로 서울대병원에 예약을 잡아서 방문하게 된 것이 바로 오늘이다.

    병원을 좋아하는 사람이 어디 많겠느냐만, 난 특히 대형 병원은 힘들다. 두 살 차이 나는 동생이 돌 때부터 아팠으니 나도 세 살 정도부터 동생이나 엄마를 보러 대학 병원에 들락날락한 셈이다. 어른 키만 한 철제 타워에 차곡차곡 쌓인 병원 밥. 소독약 향보다 더 지독하게 병원 복도에 배어 있는 그 냄새. 모두가 애써 짜증과 초조함을 감춘 엘리베이터. 그 모든 기억을 지나 이비인후과에 도착했다. 거대한 방음 부스에 들어가 청력 검사를 하고 고막에 주사를 맞았다. 고용량 스테로이드 약봉지를 선물처럼 한 아름 안겨 받고는 엄마네 집에 가야겠다고 생각했다.

 곧장 지하철을 타고 서울역에 왔다. 오뎅을 먹으면서 30분을 기다렸다가 기차를 타고 여기로 왔다. 나는 물론 엄마에게도 어떠한 연고가 없던 충청남도 홍성. 마을버스에서 내리니 엄마가 마중 나와 있었다. 초등학생 시절 학교가 끝나고 비가 온다고 전화해도 "그냥 비 맞고 와."라고 답하던 엄마지만 논밭 한가운데에 떨어진 나를 외면할 만큼 모질지는 못한 것이다.

 버스에서 내려 집까지 오는 길에 15분 버전으로 요약한 나의 실패한 연애담을 듣고 엄마는 역시 차갑게 말했다. "야, 오픈 릴레이션십이든 폴리아모리든 난 모르겠고, 남편이 바람피워도 울고불고하면서 계속 사는 내 친구들이랑 뭐가 다르냐?"

 엄마가 말이 안 통하는 사람은 아니었기에 또 장황하게 설명했다. 생득적 가부장 권력이 작용하지 않는 퀴어 연애의 특성과 합의하에 다른 사람을 만나기로 하는 여러 관계에 대해. '키 파트너'라는 개념도 있어서, 각자 자유롭게 다른 사람을 만나더라도 어떤 두 명은 서로에게 가장 중요한 관계가 되기로 약속할 수도 있다고. 가만히 듣다가

11월 22일 월요일

D-DAY
3월 9일 수요일

엄마는 다시 말했다. "이거 그거네. 누구네 남편이 바람피우다가 걸려서 아내한테 변명을 하는데, 그 여자는 그냥 잠깐 만나는 것뿐이고 당신이랑은 같이 가정도 이루고 애도 키우고 제사도 지내잖냐고." 아, 제사라는 말에 난 녹다운됐다. 레즈비언이고 어쩌고 연애는 연애다. 구질구질하기론 다 똑같다.

(D-106)

| 11월 23일 화요일

H에게 차이고 엄마네 집으로 피신 온 지 이틀째다. 이래도 되나. 30대에는 하면 안 되는 행동 아닌가. 우리는 서로 감정을 쏟아 내며 부둥켜안고 눈물 흘리는 그런 사이는 아니다. 내가 울면 엄마는 어찌할 줄 모른다.

    엄마 앞에서는 더 잘 우는 게 보통일까? 중고등학생 때야 같이 살았으니 울면 바로 엄마한테 들킬 수밖에 없었다. 엄마는 내가 울 때마다 "뭘 잘했다고 우냐."부터 시작해서 "나라가 망했냐, 부모님이 돌아가셨냐."라고 면박했다. 내가 진짜로 활동가가 되어 나라를 구하러 탄핵 집회에 나가게 되자 그 말은 더 이상 하지 않았지만.

    아침에 또 침대 위에서 울고 있는데, 엄마가 옆에 앉아 새로 산 블루투스 스피커 기능에 대해 이것저것 물어봤다. 답해 주는 동안 계속 눈물이 흘렀고 울음기 섞인 목소리는 떨렸다. 민망할까 봐 내가 우는 걸 모른 척해 주는구나. 조금 고마운 한편, 자식이 우는데도 모른 체하다니 너무하다는 생각도 들었다.

D-DAY
3월 9일 수요일

내가 화장실에 간 사이 엄마가 젖은 베갯잇을 보았는지 놀란 목소리로 물었다.

"너, 울었니?"

"네." (모르고 있었던 말이야?)

"왜 울어?"

"슬프니까 울죠."

눈이 퉁퉁 부은 채 아무 말 없는 엄마와 마주 앉아 어색하게 아침밥을 먹었다. 나를 낳고 기른 양육자로서가 아니라 사회인이자 상식인으로서의 엄마가 이해되지 않았다. 1. 어떻게 바로 옆에서 울며 얘기하는데 모를 수가 있나. 2. 여자친구랑 헤어졌는데 당연히 울지. 왜 우냐고 물어볼 일인가.

나는 이런 엄마가…… 웃기다고 생각하며 살아왔다. 엄마의 냉정함과 아빠의 황당함을 별나고 재미있다고 여겨 왔다. 하지만 나는 인류학자가 아니라 어린아이였는데. 상황을 객관화하거나 서사화해서 바라볼 필요는 없었다. 특히 그것이 내 부모와 관련되었다면.

H는 내가 눈물이라도 찔끔 흘리려고 하면 금세 알아채는 사람이었다. 가끔은 당황스러웠다. 전화 통화를 하면서 조금이라도 슬퍼지면 "지금 울려고 하지!"라고 바로 말하는 탓에 감정을 숨기기가 어려웠다. 어떻게 알았냐고 물어보면 H는 말했다. "네 숨소리만 들어도 알아."

엄마는 점심까지 고장 나 있었다. 나를 대하는 말이며

행동이며 모두 어색했다. 내가 울어서 고장 났을까, 아니면 여자친구 때문에? 엄마뿐 아니라 세상 모든 사람들이 내가 레즈비언이라는 사실을 다 알게 된 이후에도 엄마는 자주 고장 났다. 내가 H 이야기만 꺼내면 시선이 분주해졌으며, 가끔 그의 안부를 물을 때는 "그…… 그 친구……"라고 지칭했다.

    그가 호모포비아는 아니다. 내가 정체화하기 전, 앨라이로서 서울퀴어문화축제에 참가하자 '성소수자부모모임' 부스에서 배포하는 책자를 가져와 달라고 부탁했다. 커밍아웃도 그냥 여자친구 생겼다고 말하는 것으로 대신했다. 그러나 막상 내가 여자친구 얘기를 하고 그를 소개해 주자 엄마는 곧장 고장 났다. 그런 엄마의 모습에 나는 약간 실망했나. 그보다는 신기했던 것 같다. 머리로 아는 것과 직접 받아들이는 것이 그렇게 다른가?

(D-105)

어제 메일도 아니고 전화나 문자도 아니고 카톡으로 연락이 왔다. 예전에 인터뷰 프로젝트로 만난 적 있는 사람인데, 내가 ○○당 선거 캠프에서 일하고 싶어 한다는 걸 J에게 들었단다. 청년위원회의 위원장이 미팅을 요청했다는 말을 전했다.

 위원장을 구글에 찾아봤는데 당이나 시민 활동에 잔뼈가 굵은 인물 같았다. 심지어 나보다 어리더라. 그런데 '청년'? 캠프 중심에서 한참 벗어난 조직은 아닐까. 미심쩍었지만 뭐 괜찮았다.

 면접을 보러 여의도로 1시 30분까지 가야 했다. 입사 면접은 처음이다. 다행히 낙성대역에서 한 번에 가는 버스가 있다. 여의도에 도착하니 비둘기처럼 차려입은 사람들이 종종거리며 길을 건넌다. 그런데 당사에 미팅룸이 없나? 처음에는 스타벅스로 날 불렀다가, 나중엔 드롭탑으로 오라고.

 위원장은 피곤해 보였다. 어떻게 생겼으며 무슨 옷을 입었는지는 중요하지 않을 정도로 그저 피곤한 인상이었다. "제 자기소개서는 보셨어요?" 물으니 전달받은 것이 없단다. 좀 당황했지만 그래도 편하게 얘기했다.

 정치인 특유의 태도가 있다. 무슨 말을 해도 연잎처럼

물방울로 뭉쳤다가 도로록 튕겨 낸다. 정치인 중에서도 여자들이 이런 인상이 더 강한 것 같다. 남자들은 대부분 그저 재수 없고 때로는 능글맞다. 이런 특성도 젠더화된 것일까.

11월 24일 수요일

위원장이 나에게 맡기려는 일은 다음과 같았다. 아침에 출근하면 뉴스를 쭉 보며 화제가 될 만한, 특히 위원장이 논평할 만한 이슈들을 정리한다. 입장문을 쓰고 언론에 배포한다. 응? 내가 생각한 업무와는 조금 다르다. 물론 나는 쓰는 사람이지만, 행사 기획과 진행 또한 맡아서 했다. ○○당 대선 캠프에서는 그런 나의 재능이 필요한 게 아니었나? 꽤 당황했지만 하고 싶은 말은 다 했다. 그러니까…….

미섭   돈은 조금 주셔도 돼요. 근데 원하는 근무 조건이 딱 하나 있습니다. 주 4일 근무요.

위원장   그건…… 어렵습니다. 저희가 다들 주 5일, 사실상 주 7일 근무하고 있어서요.

미섭   그런가요? 당직자들이 S 후보의 공약을 솔선수범하여 주 4일 근무하면 좋을 텐데요. 그리고 당직자처럼 오래 출근할 사람을 뽑으시면, 저는 내년 대선에 맞춰 3월까지만 일할 건데 괜찮으시겠어요?

D-DAY
3월 9일 수요일

위원장 어차피 방학을 맞은 대학생들이 지원하는 상황이라 괜찮습니다.

미섭 퇴근은 정시에 하나요?

위원장 일을 덜 마치면 먼저 가는 걸 싫어하겠지만 할 일을 다 끝내면 일찍 퇴근할 수는 있겠죠. 그런데 아침 9시에는 회의가 있어서 맞춰 와야 합니다.

미섭 재택이 가능하다면 주에 며칠은 재택을 하고 싶은데요. 제가 퇴근하고도 조카랑 강아지를 돌봐야 하는 사정이 있어서요.(미국 부통령의 일상을 다룬 시트콤 「부통령이 필요해(Veep)」에 나오는 보좌관 캐릭터의 처세술에 영감 받아서 한 거짓말. 그는 칼퇴를 위해 늘 저녁밥을 챙겨 줘야 하는 가상의 강아지를 키운다. 나도 요즘 조카 공부를 봐 주고 종종 대형견 두 마리를 산책시키므로 아예 틀린 말은 또 아니다.)

"전 여기 ○○당에서 이룰 것도, 잃을 것도 없는 사람이니까 그냥 맘대로 재밌게 하고 싶어요."

그런데도 나를 뽑아 주었다. 진짜 일할 사람이 없나 봐.

(D-104)

11월 25일 목요일

일어나자마자 물도 없이 삼키는 정신과 약 덕분에 살고 있다. 근데 출근을 시작하면…… 정신과를 어떻게 다니지? 평일 9시부터 6시까지 여의도에 있어야 하고 내가 다니는 정신건강센터도 딱 그 시간에만 여는데. 병원을 옮겨야 하나. 아니, 병원 간다고 미리 말하고 지각하면 되나? 직장은 그렇게 다닐 수 없나? 대한민국의 수많은 정신병자 직장인들은 대체 어떻게 살고 있는 것일까.

 당에서 최저 임금 이상을 줄 것으로 기대하지 않았는데 "월급 세후 200만 원 좀 넘어요." 하길래 놀랐다. 최대한 '최소 노동'을 하며 다니겠다는 결심을 한 터라 좀 찔렸는데. 뭐, 내가 아무리 최소한 일해도 200만 원 좀 넘는 월급보다는 훨씬 비싼 값어치의 노동을 하겠지.

 그나저나 인생 처음으로 어딘가에서 4대 보험료를 내준다! 감동적이다. 지역 가입자라 턱없이 높게 잡혀 부담스러웠던 건강 보험료가 쏙 내려가겠다. 기쁘다. 대신 바빠서 병원에 못 가겠지만.

D-DAY
3월 9일 수요일

크고 작은 일이 생길 때마다 'H에게 이야기해 줘야지.'라는
생각이 섬광처럼 번쩍 들었다가 사라지기를 반복 또 반복한다.
15년을 함께 산 강아지 미소가 죽었을 때가 떠오른다. 흥분한
강아지가 아파트 복도로 뛰어나올까 봐 현관문은 항상
조심스레 여닫았다. 15년간의 버릇은 미소가 사라지고 나서야
'아 맞다, 이제 미소 없지.'라는 맥 풀림으로 인지하게 되었다.

온종일 조이를 돌렸다. 서울에 있는 레즈비언은 다 본 것
같다. 어떤 의미에선 실제로 다 봤다. 더 이상 남은 프로필이
없다고 찾는 범위를 재설정하라는 알림이 떴으니, 조이에
자신을 등록해 둔 레즈비언은 이미 다 한 번씩 '패스'한 셈이다.
매치는 다섯 건, 대화를 한 것은 세 명 정도로 그중 한 명과
데이트를 잡았다.

그동안 조이를 정말 여러 가지 방법으로 써 봤다. 요즘은
헤테로들도 틴더 같은 데이팅 앱에서 파트너를 만나기도
한다던데 퀴어에게 앱은 더욱 각별하다. 우리는 '자연스런
만남 추구'가 안 되는 경우가 많으니까. 동아리나 회사에서
누굴 만나 자연스레 연인으로 발전하는 일은 꿈같은 이야기라
웬만하면 앱에서 사람을 만난다.

지난 몇 년간 조이에 야한 사진을 프로필로 올려도
보고(그렇게 야하지도 않았다. 하지만 레즈비언들은 대놓고 하는 섹스
어필을 무서워한다.) 호기심을 자극하는 게 좋다는 말에 실루엣만
드러난 사진을 올리기도 했다. 소개 글에도 많은 변천사가

있었는데, '티부식'이라고 써 놓기도 아무것도 안 적어 놓기도 했다. 형식적인 대화는 건너뛰고 재빨리 만나자고 이모지로 표현하기도 했고, 인스타그램 아이디를 적어 놓기도 했다. 자 들어와서 보세요. 저는 이런 사람입니다. 마음에 들면 디엠 보내세요. 그러나 보통 레즈비언들은 그런 대담한 짓은 못한다.

 애초에 매치가 성공적이었다면 이렇게까지 다양한 시도를 할 필요는 없었을 것이다. 여자들은 까다롭다. 인정하자면 나 또한 까다롭다. 우리가 서로 마음에 들고, 멀리 살지도 않고, 약속 전날 혹은 당일에 귀찮아하거나 두려워하지 않아야 비로소 만남이 성사될 수 있다. 그 모든 과정에 짜증이 나서 언젠가는 결국 모두에 '좋아요'를 눌러서 얼마나 매치되나 살펴보기에 이르렀다. 프리미엄 구독? 물론 해 봤다. 여자친구와 헤어지고 늘어져 있는 내가 불쌍해 보였나. 헤테로 친구가 결제하라고 돈을 보내 줬다. 조이 프리미엄을 결제했다는 사실은 별로 부끄럽지 않다. 돈으로 산 파워 메시지를 보내도 어차피 매치가 안 될 사람은 절대로 답장하지 않아서 문제다. 나 또한 파워 메시지에 답장한 적? 단 한 번도 없다.

 불평을 조금 더 할까. 조이에서 여자 만나기가 어려운 또 다른 이유는 수많은 계정이 자신을 드러내지 않거나 그러지 못해서다. 조이에 올라온 프로필을 아무리 꼼꼼하게 살펴봐도 상대를 판단하기가 어려울 때가 많다. 왜냐하면…….

한국 레즈비언들이 조이에 올려놓는 이미지:
　　키우거나 거리에서 마주친 고양이 사진, 커피 잔이 놓인
　　카페 테이블 사진, 읽던 책 구절이나 인터넷에 돌아다니는
　　감성 이미지.

한국 레즈비언들이 조이에 올려놓지 않는 이미지:
　　자신의 얼굴 사진.

아웃팅이 두려워서 자신을 밝히고 싶지 않다는 조바심은
충분히 이해한다. 커밍아웃한 레즈비언으로 살아가고 있는
내가 그들에게 얼굴을 공개하라고 할 자격은 전혀 없다는 점도
인지하고 있다. 하지만 앱에서 여자를 만나 데이트를 하려면,
자신이 어떤 사람인지를 조금이라도 보여 줘야 하지 않나?
점심에 먹은 냉소바 사진처럼 아무 이미지나 올려놓고서 연애
시장에 나온 동료 레즈비언들을 관찰하고 싶은 건지, 식 아니라
식성이 비슷한 누군가가 운명의 상대로 나타나기만을 기다리는
것인지. 늘 궁금하다. 물론 물어볼 기회는 전혀 없었다. 나는
냉소바 프로필과는 절대 매치되지 않으므로.

(D-103)

11월 26일 금요일

취직이 결정되자마자 청년위원회 사무실에 미리 가 보겠다고 했다. 일요일에 있을 청년위원회 선대위 발족식을 준비하는 회의가 궁금해 벌써부터 무임금 노동을 자처했다.

내가 일할 공간은 선거를 위해 임시로 빌린 모양이다. ○○당 당사에서 걸어서 5분 거리에 있는 웬 빌딩 5층 사무실로 춥고 텅 비어 있다. 책상과 컴퓨터와 칸막이만 이제 막 들여온 듯이 놓여 있고 화이트보드와 원형 테이블이 덜렁. 거기서 회의를 하나 보다.

발족식을 준비하는 사람은 세 명. 회의 내용은…… 당장 일요일이 내일모레인데 이렇게까지 준비를 안 했다고? 게다가 장애인 접근권이 보장 안 되는 곳을 발족식 장소로 잡았네. 돈…… 돈이 문제겠지만 그래도.

"입장할 때 음악 좀 평소랑 다른 걸로 틀면 안 되나요? 뭐 EDM 같은 거. 잠깐 틀면 저작권료 안 내도 되잖아요."

D-DAY
3월 9일 수요일

참. 트위터에 입사 소식을 알렸다. 다음과 같은 내용으로:

퀴어 페미니스트 활동가로서 이번 대선에 어떻게 대응할 수 있을지 고민하다 ○○당 대선 캠프에서 일하게 되었습니다. 오랜 친구들은 제가 S를 무조건 지지해 오진 않았다는 사실을 알 겁니다. 그동안 위계 조직에 속하는 일은 최대한 피해 왔고, 대의제 민주주의에 대한 회의도 종종 털어놓았습니다.

그럼에도 대선까지 ○○당 대선 캠프에 함께하게 되었습니다. 위기감과 책임감 때문입니다. 5년 전엔 어쨌든 페미니스트 대통령이 되겠다고 한 후보가 당선되었습니다. 내년 대선을 앞두고는 거대 양당이 안티 페미니즘 발언과 정책을 경쟁이라도 하듯 내놓고 있습니다. 페미니즘이 무엇이냐는 질문에 S는 "내 인생 자체가 페미니즘"이라고 답했습니다. 특별히 투쟁적으로 살아왔기에 그렇게 답할 수 있는 것은 아닙니다. 여성, 소수자인 우리 모두의 삶이 그렇겠지요.

누군가 대통령이 되어야 한다면, 오직 페미니스트 후보만이 나를 대표할 수 있다고 생각합니다. 지난 대선 토론에서 S가 사용한 1분을 기억합니다. 동성애에 반대한다는 발언은 잘못되었다고 지적하고, 차별금지법 제정을 촉구한 S에게 저는 빚을 졌다고 느낍니다. 차별금지법 하나 제정하지 못한 지난 5년간, 한국에서 퀴어로 살아가며 그 1분을 상기하면 큰 위안이 되었습니다.

그렇기에 2022년 3월 9일 대선 승리를 위해 일하기로 했습니다. 후보 개인의 당선을 위해서가 아니라, S 후보의 당선이 상징하는 모든 바를 위해 노력하겠습니다. 정치 뉴스에 한숨 쉬고 환멸을 느끼면서도 '그래도 미섭이가 전방에서 싸우고 있다.'라는 생각이 친구들에게 용기를 줄 수 있으면 좋겠습니다.

(D-102)

데이트를 했다. '데이트' 대신 조이 '오프'라는 말을 많이들 쓰던데 그건 콩글리시 같다는 허영 때문인가. 굳이 데이트라고 말하고 싶다.

요즘에는 데이트가 일인 사람처럼 연달아 새로운 사람을 만난다. 일이라 느껴도 된다고 스스로에게 허락한 건 나에게 직업이 있기, 아니 곧 생길 것이기 때문이겠지. "뭐 하는 분이세요?"라는 질문에 "논문 쓰고 있어요." 대신 "대선 캠프에서 일해요."라고 말할 수 있게 될 것이기에.

이게 문제다. 나는 늘 만만한 사람이 되고 싶었다. 꼴리는 사람, 따먹고 싶은 사람. 아무 생각 없이 그냥 섹스할 수 있는 사람. 그런데 막상 누군가를 만나서 하는 짓은 정반대다. 몸을 부풀리고 허세를 부리는데, 별로 허세 부릴 것도 못 된다는 척하는 '담백한 허세'다. 들키지만 않으면 제일 효과가 좋다. 그런 사람을 자빠트리고 싶어지기는 정말 쉽지 않을 텐데도.

석사 논문을 한참 동안 못 쓰며 지지부진하고,

학내 성폭력을 고발하고 쫓겨나듯 연구실 짐을 뺀 이후에도 어떻게든 졸업을 하려는 나에게 친구들은 말했다. 꼭 학위를 받지 않아도 괜찮다고, 포기해도 된다고. 그렇지만 나는…… 석사가 되고 싶었다. 박사가 되어야 했기 때문이다! 가진 것이라고는 문화 자본밖에 없는 주제라서, 나이를 먹고도 연상비언으로서 팔리려면 40대 철학 박사 레즈비언이 되어야 했다. 연상의 장점인 '돈'이 없다면 다른 자본이라도 있어야지.

  오늘도 첫 만남부터 섹스를 할 기세로 나갔지만, 결코 만만한 인상을 주지는 못했다. 지성이나 위트 따위를 어필하는 나의 대화 전략은 몸에 배어선지, 어색해선지, 아니면 나도 모르게 이게 내 최대 매력이라고 여겨서 나오는 것인지 모르겠다. '만만한 여자'로 보이지 않기 위해 차곡차곡 쌓아 온 생존 전략을 로맨스 관계에서도 차마 놓지 못해서 그런가.

  데이트 상대는 동종업계 종사자였다. 철학과 석사 과정에서 칸트 철학을 전공했고(난 철학과 생활 10년 동안 단 한 명의 칸티안 친구도 만들지 못했다.) 지금은 마케터로 일한다고 했다. 항상 전혀 다른 배경의 사람들만 만나다가 나와 비슷한 사람을 만나 보고도 싶었다. 물론 나는 석사를 졸업하지 못했고 그는 했지만.

11월 27일 토요일

D-DAY
3월 9일 수요일

약속 장소는 내가 정했다. 그가 퇴근한 뒤에 곧장 만나는 일정이라 식사를 해야 했다. 처음 만나는 사람과 밥을 먹는 일은 약간 부담스럽지만, 철학과 출신이라니. 상대가 식은 안 되어도 두어 시간 애깃거리는 있지 않을까. 그렇다면 마포구에 있는 와인 바. 너무 멋을 내지도 않지만 와인도 요리도 기본은 하고, 혹시 첫 인상이 별로일 경우를 대비해 저렴한 와인도 많이 있는 곳.

아, 마음에 들었다. 독일 리즐링을 시키고 한참을 이야기했다. 그 애는 철학과 사람을 너무 오래간만에 만나서 반갑다고 했고, 대놓고 '지적인 대화'에 목말라 있었다고 말했다. 나는 칸트를, 그는 인도불교철학을 하나도 몰랐기에 조금 머뭇거리다가 서로의 졸업 논문 주제에 대해 물어보았다. 인도불교철학을 전공하면 이럴 때 약간 이점이 있다. 내가 어떻게 말하든 아무도 모른다. 게다가 내 논문 주제는 '알라야 비즈냐나'라고 산스크리트어를 주워 삼키면서 뭔가 있는 척도 할 수 있다.

우리는 또 버지니아 울프에 대해 이야기했다. 그는 영국에서 학교를 다니며 외로울 때마다 『올랜도』를 읽었다고 했다. 작가의 성별 정체성을 아주 얕은 근거로 추론해 가며, 그는 자신을 여자라고 생각하지 않는다고 밝혔다. 세상에서 가장 당연한 일처럼 그 커밍아웃을 받아들였다. 그러지 않을 것도 없었다. 뒷머리가 사각사각하도록 머리를 자른 여자애들, 아니 그런

애들과 데이트를 하면 흔한 일이었다.

『자기만의 방』에 대해서도 대화했다. 나는 그 책을 완독하는 데에 애를 좀 먹었다. 아주 최근에서야 다 읽었는데, 읽었다고 말하기도 애매하다. 오디오북으로 들었기 때문이다. H에게 차이고(이 이야기는 아주 짧게 했다. 레즈비언들은 자기 연애사를 구구절절 떠벌리다가 데이트를 망쳐 버리니까.) 종일 욕조에 들어가 있던 주에 두 번을 연이어서 들었다. 하지만 상대에게는 그냥 읽었다고만 했다.

우리는 목소리를 높여 가며 버지니아 울프를 욕했다. 여자에게 자기만의 방과 고정된 수입이 필요하다는 울프의 주장은 잘 알려져 있다. 그러나 그 수입이 봄베이 여행을 떠난 숙모가 말에서 떨어져 죽은 덕분에 받게 된 유산이라는 사실은, 그리고 울프가 그보다 더 많은 돈을 벌기 위해 금융업에 종사한 남자들을 대놓고 비웃었다는 점은 별로 유명하지 않다. 그러니까 울프는 그저 '상속녀'였던 것이다. 숙모가 죽기 전까지는 자신의 지적 수준에 비해서 시시한 일을 하며 돈을 벌어야 했던.

우리 둘은 버지니아 울프의 그 허물을(울프는 딱히 자신의 계급을 숨기려고 하지도 않았지만) 알고 있었다. 나는 반가움을 감추지 못하고 마구 떠들었다. 신자유주의와 식민주의와 포스트 휴머니즘에 대하여. 대만 인디 음악과 포스트록의 재유행, 챙겨 듣는 미국 팟캐스트에 대하여. 그리고 자연스럽게 스월링하고 있던 와인 잔을 내려다보고, 부끄러워졌다.

    우리는 코로나19 방역 지침 때문에 이른 시간에 가게에서 쫓겨났다. 그가 자기의 집으로 초대했지만 가지 않았다. 키스조차 안 하고 헤어졌다. 그냥 '그럴 분위기가 아니었다.'

(D-101)

11월 28일 일요일

어린 시절 나에겐 딱히 장래 희망이랄 것이 없었다. 공부를 잘했으니 사법 고시를 보게 될 거라고 막연하게 기대했을 뿐이었다. 검사가 되고 싶다는 내게 어느 어른이 말했다. "변호사가 되지 그러니. 그편이 더 돈을 많이 버는데." 그 말이 웃겼던 나는 장래 희망을 물어보는 담임 선생님에게 말했다. "변호사가 되려고요. 돈을 많이 버니까요." 나름 위악적이고 냉소적인 농담이었다. 그러나 중학생 여자애와 위트는 어울리지 않는 짝이었나 보다. 담임 선생님은 심각한 표정으로 나를 붙들고 왜 돈을 기준으로 직업을 선택하면 안 되는지를 일장 연설했다.

인스타그램 프로필을 갱신하며 '작가, 학생, 활동가'라고 직업을 써 넣었다. 어쩌다 이렇게 돈이 되지 않는 여러 직업을 가지게 되었을까. 셋 중에 그나마 돈을 벌어 주는 일은, 웃기게도 학생이다. 조교 일을 하면 한 달에 30만 원씩 받을 수 있으니까.

인도불교철학이라는 괴상한 전공으로 대학원에 진학한 이유 중에 하나는 돈이었다. 철학과 세부

**D-DAY
3월 9일 수요일**

전공 중 쥐꼬리만큼이라도 돈을 받을 수 있기 때문이다. 스물이 넘으면 경제적 지원을 끊겠다는 엄마의 방침에 따라 생활비는 물론 학비까지 벌어서 학부를 마쳤지만 대학원 등록금이 없었다. 논리학이나 윤리학을 전공하려면 등록금을 내야 했다. 인기가 많아서 전공 교수당 학생 한 명으로 배정된 장학금을 학기마다 돌려 가며 받아야 하기 때문이다. 반면 인도불교철학은 졸업 때까지 장학금이 보장되었다. 갑자기 부처의 말씀을 공부하려는 사람이 엄청나게 많이 몰려오지 않는 이상 말이다. 대학원 입학 5년차, 그런 일은 당연히 일어나지 않았으며 나는 이 대학의 마지막 인도불교철학 전공자가 될 예정이다.

누군가 졸업 논문 주제를 물어보면, 일단 경고한다. 진짜로 궁금하냐고. 예의상 물어봤다는 대답이 돌아오면 안도의 한숨을 내쉬며 이렇게 말한다. 내가 무슨 주제를 택해 연구하든 그 분야의 권위자, 세계 1위가 될 가능성이 높다고. 내가 최초이자 최후로 연구하는 분야이기 때문이라고. 그렇게만 알아 두라고.

아무리 공짜로 대학원에 다닐 수 있다고 하더라도 이런 엽기 전공을 선택할 필요가 있었을까. 물론 관심이 있는 분야였다. 세계는 무엇으로 이루어져 있는지와 내가 어떻게 살아야 하는지를 동일한 사상 틀에서 이야기하는 고대 철학을 하고 싶었다. 그리스는 레드 오션이었고, 중국은 지루해 보였고,

그렇다면 인도였다.

엄마의 영향이었을지도 모른다. 내가 고등학생 때 엄마는 불자가 되었다. 108배를 하고 목탁을 쳤다. 프리랜서 편집자로 일하면서 절에서 내는 책들을 무보수로 편집해 주었다. 스님의 말을 글로 옮겨 책으로 만들기까지 하며 작가의 일을 했을 수도 있다. 그 책에 이름을 남기지는 못했지만.

엄마 덕분에 나도 부처님 말씀을 종종 접했다. 덕분에 다른 건 몰라도 모든 것이 고통이고 또 공이라는 인도불교철학의 세계관만은 익숙했다. 뭐야, 난 그냥 부모의 유산을 그대로 물려받아 살고 있는 건 아닐까? 불교를 공부하고 또 글을 쓰고.

어린 나에게 특정 직업을 권하는 사람은 없었다. 엄마마저 "너 하고 싶은 대로 해라."라고 했다. 그러나 지금 돌이켜 보면 엄마가 존중하거나 무시하는 삶의 양식은 분명히 나뉘어 있었다. 어려도 분명히 알았다. 엄마는 출근하지 않는 직업을 가진 이들과 어울리며, 사회적 특권을 누리는 직업을 은근히 멸시했다. "한자리에 앉아 입속만 들여다보는 치과 의사"나 "남들 이혼 얘기나 들어 주는 변호사" 같은. 예술대학을 나와 돈 안 되는 일을 하는 엄마의 방어 기제였을까, 부잣집 맏딸에게서 우러나온 진심이었을까?

집안에서 유일한 모범생이었던 나는 엄마 눈치를 보지 않고 의사나 변호사가 되었을 수도 있다. 당신 입장에서는 좀 억울할 수도 있겠다. 다른 엄마들처럼 공부 열심히 해서 좋은 대학

가라는 얘기는 한마디도 안 했는데 원망을 사다니.

    이 모든 것이 배부른 토로에 불과할 수도 있다. 그러나 나와 같은 사람은 정말 또 없을까? 평범하고 고루한 인생을 살게 된다면 부모가 나를 남몰래, 그러나 마음 깊은 곳에서부터 경멸할 것이라는 두려움을 가지고 큰 사람은?

(D-100)

| 11월 29일 월요일

취직 전 마지막 월요일이다. 즉 극단적으로 괴로워하지 않아도 되는 마지막 월요일이라는 뜻. 곧 출근을 해야 한다니 다소 얼떨떨하다. 그리고 '청년 정치'를 하게 되어 조금 탐탁잖다. 청년 정치란 뭘까? 위원장에게도 물어보았다. 청년위원회 활동에 만족하냐고. 난 솔직히 중앙당 선대위에 들어가고 싶었는데 청년위원회라고 해서 실망했다고. 학생 운동으로 사회 운동을 시작해 이제 서른이 되었으니 10년 동안 청년이었던 셈인데, 언제까지 나에게 나이 많은 사람들이 구워 놓은 케이크 위에 뿌리는 스프링클 같은 역할만 주어질까?

나이의 문제만은 아닐 수도 있다. 나는 파티나 축제를 여는 방식의 운동을 해 왔는데, 애초에 페미니즘 운동 그리고 파티나 축제를 여는 운동 방식은 곁다리 취급을 받는다.

비상총회를 하는데 일정 인원 이상이 모여야 회의가 성립된다고 하길래, 무슨 일인지도 정확히 모르면서 머릿수를 채워 주러 갔다가 금방 나왔다. 대학교 2학년 1학기 중간고사 시험 기간이었다. 해 질

D-DAY
3월 9일 수요일

때까지 도서관에서 공부하다가 집에 가려는데, 갑자기 인파가 본부 건물로 몰려가고 있었다. 학생 사회가 본부 점거를 시작한 것이다.

국립대인 학교를 법인화하는 과정에서 학생들의 의견을 존중하지 않는다는 점에 문제 제기하며 일어난 투쟁이었다. 점거한 총장실에는 샤워실까지 있다고 하길래, 구경할 겸 투쟁 현장에 놀러 갔다. 나는 당시 학생회는 물론 인문대 학과반에도 속해 있지 않았으므로 투쟁의 주체가 되지 못할 줄 알았다. 그러나 조직되지 않은 개인이라도 본부에 우선 들어가면 내쫓지는 않았다.

그렇게 소속 없이 모인 몇 명이 본부 앞 잔디에서 개최한 것이 '본부스탁'이다. 미국의 저항적 록 페스티벌 '우드스탁'에서 따온 이름으로 2박 3일 동안 학내 밴드와 동문 뮤지션들이 공연했다. 본부 점거에 더 많은 사람들이 함께했으면 좋겠다는 마음에서 시작했다.

총장실에 이불과 세면도구, 냉장고와 밥솥까지 들여놓고 살던 나는 본부스탁을 기획했음에도, 본부 점거 해산 여부를 결정하는 전체 회의에는 초대받지 못했다. 학생회 소속이 아니었기 때문이다. 결국엔 평소 친분이 있는 단과대 회장 언니에게 문자를 보내서 어떻게 결론이 났는지 물었다. 그는 점거 해제가 결정되었다고 알려 주며 덧붙였다. "다음에도 기발하게 활약해 줘!"

'기발하게 활약해 줘.' 그 표현이 묘하게 충격적이라 지금까지 기억하고 있다. 언니에게는 악의가 하나도 없었으리라 굳게 믿는다. 하지만 나는 그 청유형의 문장에 내 자리를 깨달았다. 학생회 사람들에게 나는 동료라기보다는 중심에서 한참 먼 게릴라 세력에 가까웠던 것이다. 학생회라는 권력에 속하지 않아서 기발하고 창의적인 투쟁을 떠올린 것일까. 아니면 기발하고 창의적인 행보는 원래 진지한 정치적 행위로 받아들여지기 힘든 법일까.

페미니즘 운동도 마찬가지다. 페미당당이 가장 주목도 공격도 많이 받은 때는 박근혜 정부 퇴진 운동 당시다. 별생각 없이 페미당당 깃발을 들고 광화문 광장에 갔던 우리는 당황스러운 상황에 부닥쳤다. 어떤 이들이 깃발을 올려다보더니 이게 무슨 뜻이냐고 시비조로 말을 걸었다. 몰라서 물어보는 투는 아니었다. 사방에 여유 공간이 많은데도 몇몇은 우리를 밀치고 지나갔다.

그전까지 시위를 나갈 때면 나는 대학교 총학생회 깃발을 찾아갔다. 학생회 깃발 아래에서 행진하면, 아무도 우리를 괴롭히지 않았다. 어른들은 우리를 향해 기특하다며 박수를 보내기도 했다. 당시에는 너무 싫었는데, 그마저도 권력이었다는 것을 페미당당 깃발 아래 서고 나서야 알게 되었다. 페미니즘이라는 이름 아래 여자애들이 모여 있으니 '민주 시민'들에게도 공격받는 현실에 나는 얼떨떨해졌다.

집회를 빠져나오며 마주친 장면은 기괴했다. 사회자가 "올해 2016년은 병신년이죠?"라고 운을 뗐고, 시민들은 "병신년은 가라!"라고 구호를 외쳤다. 중년 남성이 둘러멘 몸 피켓에는 보톡스 주사를 맞고 있는 박근혜 캐릭터와 볼과 턱 살이 두드러지게 그려진 최순실 캐릭터가 철창 뒤에 갇혀 있었다. 그 위에는 "언니야 깜빵 가자"라고 쓰여 있었다. 숨이 턱 막혔다.

'언니'라는 단어는 나에게 언제나 중요했다. 어떤 선택을 하든 응원해 주는 언니들 덕분에 세상에 좀 더 용감하게 맞설 수 있었다. 페미니스트 활동가가 된 이후에는 서로를 '자매'라고 호명하며 연대감을 키워 가기도 했다. 그러나 그 광장에서 '언니'는 멸칭이었다. 박근혜를 "미스 박"이라고 지칭한다거나 최순실을 "아줌마"라고 부르는 것도 마찬가지였다. 여기에 항의하면 그들의 성별이 여자라서 그렇게 부르는 건데 확대 해석하지 말라는 답변이 돌아왔다. 하지만 대통령이 '여자'임을 짚어 지칭하는 것만으로 백 마디 비판보다 효과적인 모욕이 됐다. 그 점만은 광장에 선 모두가 감각적으로 알고 있었다.

그날 집에 와서 '페미존'을 기획했다. 혐오 발언도 성범죄도 없는 집회 공간을 바라는 마음에서였다. 여성과 소수자, 페미니스트가 한자리에 모여 행진하고, 광장에서 몰려드는 위협에 자신과 서로를 지키기 위해서는 지금 우리가 직접 그 자리를 만들어야만 했다.

페미존이라는 시위 내의 시위는 현장에서 굉장한 파급

효과를 냈음에도 역사에 적절하게 기록되지 못했다. 페미니즘 운동은 그 자체로 절대 중심이 아닌 주변부의 활동으로 취급받기도 하고, 거대 담론을 논의하고 전략을 결정하기 위한 과정 혹은 그 논의에 따른 결과를 방해하는 훼방 세력 정도로 여겨지기도 한다. 우리에게는 다른 무엇도 아닌 페미니즘이 가장 거대한 담론이며 세계관인데도 말이다.

 그나저나 H 생각을 많이 했고 그래서 종일 기운이 없었다. 엊그제 데이트한 칸티안(이렇게 불러도 괜찮을까.)과는 계속 연락하고 있다. 알고 보니 그는 내 트위터를 팔로우한다고. 불공평하다고 농담하니 자신의 블로그를 알려 줬다.

 천천히…… 천천히…… 칸트의 그것과는 거리가 먼 그의 블로그 글을 읽다가 나도 말랑하고 확신 없는 글을 쓰고 싶어졌다. 학부생 때나 썼던, 흔들리는 자의식이 등장했다가 사라지고 뜻 없이 과거 얘기를 하는 글. 무언가를 확고하게 주장하는 활동가의 글, 나와 전혀 감정적 애착이 없는 이의 말을 옮기는 학자의 글, 익명의 누군가가 읽거나 아무도 읽지 않을 글 말고.

 트위터에 이렇게 올렸다. "확신 없는 글을 다시 쓰고 싶다. 오직 나를 사랑하는 사람만이 관심 있게 읽어 줄, 누군가를 꼭 설득하고자 쓰는 사람이 되면서 잃어버린." 칸티안이 가장 먼저 그리고 유일하게 하트를 눌렀다!

(D-99)

엄마가 집에 왔다. 엄마는 매일 아침 창문을 열고 이불을 털고 탁탁 개서 이불장에 넣지 않으면 학교를 가지 못하게 하는 사람이다. 청소기를 돌리고 물걸레로 닦고 마른걸레질을 또 하고, 방바닥을 충분히 깨끗하게 닦았는지 검사하고, 짜장면 배달을 받다가 나무젓가락을 다시 돌려보내지 않으면 혼내고, 뜨거운 물로 설거지하면 자원을 낭비한다고 또 혼내고. 온갖 집안일을 혼내며 가르친 사람이다.

예순을 앞두고 귀촌한 엄마가 비로소 꾸린 자기만의 집을 처음 방문했을 때는 놀랐다. 우선은 집이 그렇게 깨끗하지 않다. 돌이켜 보면 우리가 함께 살던 집도 엄마의 잔소리만큼 깨끗하지는 않았다. 그리고 당신이 직접 해야 마음이 놓인다며 우리에게 설거지를 못 하게 한다. 왜 우리 어릴 때는 그렇게 설거지를 시켰냐고, 접시 내려놓는 소리라도 쾅 나면 혼냈냐고 물었더니, 엄마는 영 이상한 말이라도 들었다는 듯한 얼굴로 말했다. "그건 너희 교육하려고 그런 거지. 난 원래 내 주방에서 남이 설거지하는 거 싫어해."

그랬던 엄마는 내 집에 오자마자 찬장과 냉장고 심지어 창고까지 마음대로 열어 보았다. 나는 뭐랄까…… 당황했다.

엄마는 남의 집에서 그렇게 예의 없이 행동하는 사람이 아니다. 나를 남으로 여기지 않는 건가? 엄마에게서 이런 전형적인 '한국 엄마'다운 면모를 발견하면 나는 좋고 싫고를 판단하기 이전에 너무 놀라고 만다.

면접에서 출근은 언제부터 할 수 있냐고 물어봤을 때 다음 주 목요일부터 하겠다고 대답한 이유는 엄마를 손님으로 맞이하기 위해서다. 엄마는 늘 친구도 약속도 많아 내가 붙어서 무언가를 함께할 필요는 없었다. 다만 하루 정도는 엄마랑 나랑 동생이 모여서 미술관을 가고 밥을 먹는 것이 우리 가족의 연례 행사였다.

이번에는 리움에 다녀왔다. 유명한 남자 작가의 작품이 너무 많다는, 그런 감상을 엄마와는 나눌 수 있다. 대안적 예술 제작 환경이나 그 내용의 소수자성이 강조되는 요즘 시대에 '유명한' '남자'가 만든 작품은 얼마나 고루하고 촌스러운지를. 그런데도 이런 대형 상업 갤러리는 여전히 웅장하고 화려하거나 심각하게 관념적이기만 한 백인 남자의 작품을 주로 내세운다. 이런 현실을 엄마에게는 굳이 설명할 필요가 없다.

거실 아닌 안방에 텔레비전이 놓인 우리 집에서도 '세계의 명화' 시청은 권장되었다. 중간부터 영화를 보게 될 때면 어떠한 배경지식도 없이 틀어 놓은 그 영화를 두고 엄마는 종종 말했다. "이건 여자 감독이 만든 것 같은데." 다음 날 식사 자리에서 엄마는 꼭 "어제 본 영화 말이지. 역시나 여자 감독 작품이더라고. 여자가 만든 건 티가 니. 세상을 보는 시선이나 영화적 말하기 방식이."라고 당신의 식견을 뽐냈다.

　엄마는 늘 가장 좋아하는 작가로 오정희를 꼽았다. 내가 배수아를 읽기 시작하자, 당시 여자가 한국 문학계에서 주체적으로 활동하기 힘들었는데 그는 따로 직장이 있어서 그 판에 미련 없이도 글을 잘 써냈다는 등의 코멘트를 붙였다. 엄마는 늘 여자가 창작해 낸 것에 지대한 관심을 보였다. 그러면서 직장에서는 남자 작가들과 일하는 마음이 어땠을까? '여성성'과는 거리가 한참 먼, 여성혐오적인 아빠의 글을 고쳐 더 나은 작품으로 만들어 내면서 얻은 자부심은 무엇이었을까? 이런 생각에 미치면 나는 늘 '이성애자여서 참을 수 있었나.' 하고 만다.

　별 뜻 없는 거대한 조각품 사이를 돌아다니며 엄마한테 농담조로 말했다. "엄마는 H에게 고마워해야 해요!" 사실 농담이 아니라 완전히 진심이었다. 탓하는 마음도 꽤 섞여 있었다. 엄마는 내 쪽을 보지도 않고 "그러니까." 하고 짧게 대답했다. 이미 알고 있었네. H가 나를 재양육했다는 점을. 엄마가 주지 못한 것들을 그가 주었다는 사실을.

(D-98)

12월 1일 수요일

출근 전날, 그것도 입사라고 취업 턱을 내기로 했다. 지안과 지영을 불러서 횟집에 갔다. 콘치즈와 떡볶이를 스끼다시로 내어 주는 한국식 횟집이지만 조명이 형광등이 아닌 곳이다. 드라마에서처럼 "내가 살 테니까 다 시켜!" 하고 과장된 거드름을 부리며 광어, 도미, 연어가 다 나오는 스페셜 세트를 주문했다. 취업 턱이라고 했지만 이런 기회가 없었어도 밥은 샀을 테다. 남이 애인이랑 헤어지는 이야기를 듣는 경험이 누가 즐겁겠는가. 2주 동안 항상 내 전화를 받아 주었으며, 답이 없으면 살아 있나 확인까지 해 준 친구들에게 고마운 마음으로 저녁을 대접했다.

 H가 헤어지자고 했을 때 나는 수도꼭지를 연 것처럼 눈물을 쏟으며 지체 없이 주변에 사는 친구들을 불러 모았다. 지안과 지영은 무작정 내게 와 줬다. 나의 자존은 어떤 상황에서도 손님맞이를 소홀히 하지 않는 데에 있으므로 냉장고를 열고 이것저것 꺼내 주었다. 하나는 침대 위에 누워서 울고 나머지는 바닥에 앉아서 치즈와 맥주를 먹는 광경이

D-DAY
3월 9일 수요일

연출되었다. 걔가 무얼 해 줬길래 너를 키워 줬다고 하느냐. 두 사람은 몇 시간째 반복되는 이야기에 지쳐서 약간 짜증 내며 물었다.

무성애자로 정체화하던 시절, 예지는 이런 푸념을 했다. "연애를 하지 않으니 굉장히 대단한 경험을 놓치고 있는 건 아닌가 싶다. 연애할 때 느끼는 사랑이라는 감정은 내가 반려견을 사랑하는 마음과는 다른가? 유성애자 친구들에게 물어봐도 '그건 다르다. 아무튼 확연히 다르다.'라는 말만 한다."

나는 답했다. "내 생각엔 강아지를 사랑하는 마음과 연인을 사랑하는 마음은 그리 다르지 않다. 다만 반려견과는 내가 강아지를 키우는 일방적인 관계 아닌가. 연애하면 그 강아지도 나를 키운다. 오직 그 점만이 다르다."

나와 H는 분명히 서로를 키워 주었다. 그와 연애를 시작하고 1년간 나는 거의 매일 울었다. 첫 키스를 할 때도, 사귀자는 이야기를 들을 때도, 이유를 알 수 없을 정도로 별것 아닌 일에도 울었다. 슬퍼서는 아니었다. 오히려 정화되는 느낌이었다.

H는 내가 작은 소리만 내도 달려왔다. 주방에서 뭔가를 와르르 엎어도, 문지방에 발가락을 찧어도 혼비백산했다. 내가 화장실에 오래 들어가 있을 때마저 괜찮냐고 물어서 나를 좀 민망하게 했다. 나는 원래 이것저것 많이 흘리고 떨어트리고 다치는 사람이었으며, 그럴 때마다 못 본 취급당하는 데

익숙했다. 그래서 H의 호들갑이 신기하고 반가웠다.

　어느 날 엄마 집에서 우유를 우당탕 쏟았는데 아무도 신경 쓰지 않았다. "으악!" 하고 놀라서 외치는 소리를 분명히 들었을 텐데. 괜찮냐고 물어보기는커녕 아무 일도 없었다는 듯 자기 일에만 몰두하는 식구들에게 말했다. 내 여자친구는 무슨 낌새만 보여도 내가 털끝 하나라도 다칠까 봐 걱정하며 달려온다고. 난 우리 집에서만 살아서 그런 상황이 너무 어색하다고. 엄마는 콧방귀도 안 뀌고 말했다. "걔도 너랑 10년, 20년 살아 보라고 해. 언젠가는 무던해지게 되어 있어. 영원히 너를 아기 취급할 수는 없어."

　엄마는 어린 나를 아기처럼 대했던가? 내게는 그런 기억밖에 없다. 내리는 비를 그냥 맞고 오라던 엄마. 분리수거를 하러 나갔다가 오랫동안 돌아오지 않길래 울며 찾으러 다녔더니 그것 하나 못 기다리냐고 면박을 주던 엄마. 버스 사고가 났는데 동생만 감싸 안았던 엄마……. (그를 위해 변명하자면, 동생이 엄마의 무릎 위에 앉아 있었고 나는 옆자리에 타고 있었다.) 난 한 번도 그 사고로 엄마를 탓하지 않았다. 그럴 수 없었다. 하지만 앞 좌석에 머리를 쿵 박아서 나는 한동안 이마에 큰 혹을 달고 다녔다.

　H는 어쩌면 나를 과보호했다. 천성적으로 걱정이 많아서, 또는 집착적이라 그랬을지도. 하지만 나는 '사랑'이란 이름으로 퉁쳐지는 그 모든 감정과 행위를 온전히 받아들이고 싶었다.

어느 심리학자가 말했다더라. 어릴 때 애착 관계를 형성하지 못한 성인도 지속해서 안정적인 관계 속에 있으면 5년 안에 안정 애착 인간으로 바뀔 수 있다고. 의도하지는 않았겠지만, H는 내게 필요한 그 몇 년을 채워 주었다.

나는 지금 귀가 고장 났다고. 스트레스성인지 뭔지 한쪽 귀가 안 들린다고. 어쩜 절체절명의 순간에 처해 있다고. 이렇게 구구절절까지는 아니었지만, 지금은 우리가 헤어지기에 좋은 때가 아니라고 H를 설득했다.

나의 고통은 무의미했다. 나는 언젠가 내가 접시를 깨도 그가 모른 체할 날이 올까 봐 두려웠다. 나를 옆에 두되 더 이상 아기 취급하지 않는 날. 그런 날은 오지 않았다. 다만 그가 나를 사랑하기를, 혹은 키우기를 한순간에 포기했을 뿐이다. 내가 엉엉 우는데도, 심지어 자신 때문에 우는데도 초연하게 이별을 고한 어떤 날이 도적처럼 왔을 뿐이다.

(D-97)

12월 2일 목요일

데뷔 아니 첫 출근 날이다. 7시 50분쯤 나왔다. 관악구 언덕길을 뛰어 내려왔고 2호선 지하철에 올라 좌석에 앉아서 왔다. 9호선 급행 열차는 한 번 보내고 탔다. 국회의사당역에 내려 사무실에 8시 50분쯤 도착했는데 문이 잠겨 있었다. 9시까지 기다렸는데 아무도 오지 않았다. 위원장에게 전화해서 물어봤더니 비밀번호는 0309라고. 대선 날이군.

  사람들은 한두 시간씩 늦게 들어오거나 아예 오지 않았다. 회사에 다녀 본 적은 없지만 보편적이지 않다는 것은 알 수 있었다. 모두 출근할 때까지 잠시 외출해 주변을 살펴봤다. 국회의사당역은 말 그대로 국회를 면하고 있다. 국회 바로 앞 대로에 위치한 건물들은 크고 튼튼해 보인다. 대형 프랜차이즈 카페도 입점해 있고 난방도 잘 되는 것 같다. 그 건물 뒤로 반 바퀴 돌면 곧장 꼬질꼬질한 건물들이 삐쭉삐쭉 솟아 있다. 내가 일하는 사무실은 그 꼬질한 건물 중 하나의 꼭대기 층에 있다.

  오전에는 컴퓨터 세팅을 해야 했는데 와이파이

D-DAY
3월 9일 수요일

비밀번호를 물어볼 사람이 없었다. 9시를 조금 넘겨 출근한 유일한 동료 K 역시 지난주에 들어온 신입이라고. 점심시간까지 한두 명이 더 도착해서 나름 환영회라고 마라샹궈를 먹었다. 일행들이 본인 카드로 긁길래 식대가 어떻게 되냐고 물어봤는데 없단다. 단, 야근할 때는 서브웨이나 분식집에서 당 이름으로 달아 놓으면 된다고 한다.

    오늘 한 일
1. 데스크톱 셋업.
2. 인수인계 받기.
3. 내일 있을 행사 발언문 작성: 남이 할 말을 내가 쓰다니 정말 이상하다.
4. 계약서 작성: 정말 딱 대선 날까지 일하네. 패배와 함께 쓸쓸하게 자리를 빼겠군.
5. 뉴스 클리핑: 윤석열 기사를 볼 때마다 한숨을 겁나 쉼.

3시 10분 정도가 되자 더 이상 할 일이 없었다. 발언문이나 입장문에 위원장이 피드백을 주면 내가 고치는 식이라는데, 피드백이 없다! 듣던 대로 남자 직원들은 담배 피우러 정말 자주 그리고 오랫동안 나간다. 나도 산책이라도 해서 균형을 맞춰야 하나. 더현대에 가서 옷이나 구경하든지.

한 4시까지만 일하면 하루 업무를 마치기엔 충분할 것 같은데 굳이 6시까지 앉아 있어야 한다니, 프리랜서식 일하기에 익숙한 입장에서는 새삼스레 이상한 노동 형태 같다. 오! 진짜로 하루 종일 H 생각을 안 했다! 좋은 일이다.

오늘 자 투쟁

1. 사람들을 직급으로 부르지 않고 이름에다 '님'을 붙여 지칭했다.
2. 6시가 되자마자 용수철처럼 일어나 **퇴근했다.**(다른 사람들은 왜 안 하지?) 피드백 안 준 업무는 내일 하겠다고 외치며.
3. 명함을 안 만들겠다고 했다. 종이 아깝잖아.

(D-95)

레즈비언 행위를 하다가 근육통을 얻었다.

    화장실 수도의 작동 원리를 아는가? 어떻게 수도꼭지에서 물이 쏟아지고 변기 물이 내려가는지. 난 이번에 알게 되었다. 물은, 정확히는 상수도에 흐르는 물은 늘 최대 수압으로 벽이나 바닥 속을 지나고 있다. 그러다 내가 수도꼭지나 레버를 돌려 그 틈새 구멍을 열면 물이 솨 하고 쏟아지는 것이다.

    어떻게 알았느냐. 변기 뒤 수도관이 터졌기 때문이다. 비데를 직접 설치하려고 변기에 몸을 딱 붙이고 (평소 결벽적으로 청소해 놓아서 얼마나 다행인지!) 수도관 접합 부분을 분리하려는데, 이음새를 연결하는 삭은 고무 링이 빠지며 물이 '팡!' 하고 뿜어져 나왔다. 시위 현장의 소방 호스에서 물이 터져 나오듯이.

    이미 고무 링은 두 동강 나 버렸고 금속제 부속을 아무리 조여도 소용없었다. 순식간에 워터밤 페스티벌이 열린 화장실에 망연자실하게 앉아 있다가 홀딱 젖은 채로 밖에 나가서 수도를 잠갔다. 들어와서 또 화장실을 바라보다가 다시 나가서 수도를 열고, 손 씻을 용도로 바가지 여러 개에 물을 받아 놓고 다시 수도를 잠갔다.

    여기까지가 어젯밤 일이다. 오늘 저녁에는 데이트 상대가 집에 놀러 오기로 했다. 그전에 무조건 화장실을 고쳐야 했다. 변기 물조차 내릴 수 없는 집에서 손님을 맞이할 수는 없었다. 아침 일찍 일어나 아저씨들이 나오는 온갖 수리 영상을 보면서 철물점이 문 열기를 기다렸다. 반쪽짜리 고무 링과 거기 연결된 부품을 들고 달려갔더니 변기 부속 한 통을 다 사야 된다고 했다. 그래도 7000원. 사람을 부르는 값보다는 싸다. 게다가 친절한 여자 사장님이 부품에 배관용 테이프를 감아 주며, 아가씨도 손수 고칠 수 있다고 자신감을 심어 줬고.

| 12월 4일 토요일

수도관에서 새어 나오는 물줄기인지 땀인지 구별이 안 되는 무언가에 축축하게 젖은 채로 겨우 작업을 마쳤다. '여자 혼자 사는 집에는 몽키스패너 하나쯤은 구비해 두어야 한다.'라는 말을 실천해 둔 점을 자랑스러워하면서. 여기까지가 이미 오늘치 레즈비언 행위다.

1996년 영화 「바운드」에는 레즈비언 두 명이 등장한다. 그중 하나는 앞머리를 눈가까지 기르고 트럭을 몰고 다니는 수리공 부치걸이다. 이 영화를 감독한 워쇼스키 자매는(당시는 형제) 펨걸이 일부러 배수관에 빠트린 귀걸이를 찾기 위해, 싱크대 앞에 쪼그려 앉은 채 수도관을 비틀어 열고 마침내

**D-DAY
3월 9일 수요일**

귀걸이를 쥔 부치걸의 물기 어린 손을 카메라로 집요하게 훑는다. 섹스 신도 곧잘 등장하는 그 영화에서 가장 야한 장면이 바로 그 수도관 신이었고, 나는 레즈비언이라면 응당 자기 집은 제 손으로 고쳐야 한다는 강박을 얻었다.

그 때문에 근육통을 얻었지만 막상 (의도치 않은 물청소로 한층 깨끗해진 화장실이 있는) 집에 놀러 온 칸티안과는 아무 일도 없었다. 표고버섯과 마늘을 넣고 시오콤부로 마무리한 파스타를 먹고 와인을 반 병씩 마시고는 그냥 마주 앉아서…… 음악을 들었다. 그가 말했다. "이거 원래 있는 플레이리스트예요? 아니면 미섭 씨가 만든 거?"

집에 트는 음악이란…… 어렵다. 혼자 있을 때는 '최신 걸그룹 노동요 3시간짜리'를 들을지라도 손님 앞에선 그럴 수 없다. 집은 내 취향의 집약체다. 책장 앞에 놓인 장식품까지도 서너 번씩 각도를 틀어 가며 보기 좋게 진열하는데, 집 안 어디에서나 들리는 음악을 함부로 선곡할 수는 없다.

비밀이지만 실은 새로운 데이트 상대가 생길 때마다 그를 집으로 부를 날을 기다리며 플레이리스트를 하나씩 딴다. 항상 들어가는 곡은 3호선 버터플라이의 것. 「니가 더 섹시해 괜찮아」를 위시한 이것저것을 넣어 놓는다.

웃기게도 취향은 은근히 드러내는 것이 미덕이라고 배운 스놉이라 (단단히 꼬였다.) 거짓말을 했다. "아뇨. 그냥 제가 자주 듣는 곡을 애플뮤직이 모아 줬길래 틀어 봤어요."

그럴 리가. 최근에는 케이팝 걸그룹 노래 말고는 어떤 곡도 듣지 않았다.

칸티안은 본인과 취향이 너무 겹친다며 신기해했다. 음악 취향이 비슷해서 타인에게 끌리는 사람이 있겠지만, 나는 아니다. 빅뱅이나 디제이 디오씨 정도만 아니면 된다. 세련된 음악은 친구들이 이미 잘 알고 있어서 그들에게 영향을 많이 받는다. 그렇다고 내가 그들과 함께 침대에 들어가지는 않잖아.

그도 음악 취향이 같다고 누구에게 끌리는 타입은 아니었나 보다. 같은 음악을 듣는다는 얘기만을 남기고 돌아갔으니.

(D-93)

당산역에서 9호선으로 갈아탔다. 사람이 엄청 많은 일반 열차에 아슬아슬하게 올라, 딱 한 정거장 지나쳐 국회의사당역에서 내렸다. 왜 사람들은 출근길에 그렇게 뛸까? 9호선으로 환승할 때도 국회의사당역에 내릴 때도 누군가는 꼭 뛰고 있다. 9시까지는 한참 남았는데……. 8시 50분까지 출근들을 하나?

    사무실에는 52분에 도착. 오늘도 1등으로 출근해서, 문 열고(비밀번호 대선일 0309) 컴퓨터 켜고 손 씻고 텔레그램으로 업무 시작을 알린 뒤 뉴스 클리핑 시작. 오늘의 뉴스는 오미크론, 코로나 그리고 유튜브 채널 가로세로연구소가 더불어민주당 상임선대위원장의 사생활을, 심지어 그가 사퇴한 이후인데도 무차별로 폭로하고 있다는 소식. 너무 힘들고 절망스러워 소리 지르고 싶다.

    점심 대신 리보트릴 반 알과(이미 아침에 반 알 먹었지만) 칸티안이 준 사과를 먹었다. 남는 시간에는 와인을 사러 사무실에서 왕복 20분 거리에 있는 판매점에 다녀왔다. 좋아하는 곳인데, H에 대한 복수심으로 캘리포니아산 와인을 많이 샀다. 그는 귀국할 때마다 한국은 와인이 너무 비싸다고 불평했다. 나는 그가 어떻게든 한국을 무시해서 자신이 떠나온 것에 대한 미련을 떨치려고 한다고 생각했다. 아니, 그렇게 해석했다. 당연히 한국에서 와인을 사려면 비싸지. 미국에서 소주를 사려면 비싸듯이.

사무실에 전자레인지랑 냉장고가 들어왔다. 샐러드를 넣어 두려고 냉장고를 열어 보았다. 공들여 청소하지 않은 채로 오래 방치된 냄새가 났다. 여의도에는 데스크톱부터 탕비실에 둘 백색 가전까지 빌려주는 업체가 있나 봐. 선거 사무실이나 여타 정체 모를 단체들이 단기 임대로 들어왔다 나가기를 반복하기 때문이겠지.

| 12월 6일 월요일

정치를 에런 소킨으로 배워서 선거 사무실에 기대하는 상이 있었는데……. 복도를 걸어가며 연설문을 고친다거나, 자원봉사자들이 온종일 후원 요청 전화를 걸고 있다거나. 실제로 캠프에 와 보니 모든 게 임시라는 인상이 압도적이다. 텅 빈 공간에서 뭔가를 만들다가 해산하는 거지.

방금은 위원장이 국회에서 중앙선관위 직원인지 대표인지 하는 할아버지에게 질의한 내용을 속기하라는 업무가 떨어졌다. 할아버지의 말을 못 알아들어서 조금 힘들었다. 왜 그랬을까? 나의 남성 혐오 때문에? 아니면 에이지즘, 즉 노인 혐오? 양측의 말을 겨우 적어 내니 옆에 앉은 동료가 목을 빼고 들여다보며 말한다. "어? 질의한 내용 다 텍스트로 준비되어 있는데 전부 받아쓰셨어요?" 그렇군. 뒤늦게 받아 본 문서에는 위원장이 한 말이 거의 그대로 적혀 있었다. 미리 조율된 질답이었겠지. 마치 방송 프로그램처럼. 참 이것도 국회방송으로 방영되긴 한다. 아무튼 그걸 보도 자료로 뿌렸다.

    매일 아침마다 회의가 있다고 했는데, 아직 한 번도 한 적이 없다. 위원장은 바쁘고 나에게는 자잘한 일만 간헐적으로 들어오니 좀 지루하고 졸리다. 정말 대선이 가까워지면 무얼 하고 있는지 기록할 틈도 없을 정도로 바빠질까? 그랬으면 좋겠다. 뭔가를 하고 싶어. 위원장을 위해서 하는 것이 아닌 무언가.

    피드백이 안 돌아온다. 그럼 할 일이 없다. 퇴근 시간이 되면 그냥 가야지. 내 생각엔 오늘 하루 카페인 먹어서 불안했고, 리보트릴 먹어서 졸렸던 것 같아. 이제 급하게 화장하고 데이트하러 가야 한다.

(D-92)

12월 7일 화요일

그래, 섹스를 했다. 그러니까 한 1년 만에. H와 오픈 릴레이션십을 합의하고 데이팅 앱도 깔아 놓았지만, 그동안 다른 사람을 만나진 않았다. 폴리아모리는 아니지만 그 주제를 다룬 『윤리적 잡년』 따위의 책도 함께 읽었고.

아직 퀴어로 정체화하기 전 나는 종종 남자애들과 섹스해 본 척을 했다. 실은 늘 마지막 순간에 도망쳤는데도. 그들의 손길이 불편했고 키스는 어색하고 뻣뻣했다. '끝의 시작'이 성기 애무라면 늘 직전에 그만두자고 했다. 조금 집요하게 졸랐던 남자는 더러 있었지만 다행히도 강간은 당하지 않았다. 스스로를 이성애자라고 생각했던 시절에는 용기가 부족해 내가 '아다'로 남았다고 생각했다. 섹스가 뭐라고, 별것도 아닌데 용기를 못 냈구나. 여자들과 만나기 시작한 이후로는 그렇게나마 일종의 '정절'을 지켜서 나름 다행인가 싶기도 했다. 어쨌든 성병은 없다는 측면에선?

어제 만난 상대는 유도를 하는 여자애. 무술로

D-DAY
3월 9일 수요일

경찰 특채를 준비한다고 했다. 벗은 여자애들을 보면 항상 예쁘다고 말한다. 옷을 벗고 내 앞에 존재해 준 것에 대한 감사의 표시기도 하……지만 정말 예뻐서 예쁘다고 한다. 칭찬이란 그런 것이다. 단지 인사치레 같지만 또 마음 깊은 곳에서부터 진심이기도 한.

    잘할 수 있을까. 섹스는 1년 만이기에 간밤에 조금 떨었다. 레즈비언 섹스의 어려움 중 하나는 두 사람 모두 자기 능력을 반신반의하며 시작한다는 것이지만, 자전거를 타는 법을 쉽게 잊지 않듯이 금세 익숙해졌다.

    그 애는 나를 좋아했다. 분명하게 눈에 보였다. 오직 그 점만이 마음에 걸렸다. 건방진 말이겠지만 웬만하면 나에게 반하지 않은 사람과 섹스하고 싶었다. 부담도 책임도 지지 않고, 그저 잠깐의 쾌락을 좇는, 서로가 서로를 이용하는 관계.

    온 세상이 여성을 일방적으로 사용하려고 호시탐탐 노리지만, 적어도 지금 이 잠자리에서만큼은 같은 눈높이에서 몸과 몸이 부딪히는 그런 관계를 맺고 싶었다. 그래서 나에게 레즈비언 섹스는 특히 해방감으로 다가오는지도 모르겠다. 주·조연이 따로 없는 역할극에 가까우니까. 이 세상의 수많은 다양한 관계 중에 그런 유의 것은 거의 없으니까.

    그런데 섹스에 좋아하는 감정이 끼어들면, 곧장 권력적인 상호 작용이 된다. 유혹과 쾌락에 체면뿐 아니라 인정이나 초조함 같은 더 복잡한 욕망과 감정이 본격적으로 개입하기 때문이다. 어떻게든 거기까지는 무시할 수 있다. 아주 세세하고 미묘한 권력 차이까지 신경 쓰다 보면 몸에만 집중할 수 있는 여유는 절대로 오지 않는다. 그래서 나는 걔의 마음을 모른 척 무시하고 섹스를 했다.

섹스 과정을 일일이 묘사한다면 재미없을 것이다. 다만 그 애가 아주 조심스러웠다는 점은 말해도 되겠지. 이미 걔를 한 번 박고 난 뒤였는데도 내가 소리를 내면 일단 멈추고 아프냐고 물어보았다. (보통 먼저 깁하는 사람의 행동이 무언의 기준이 되지 않나?) 결국 나는 눈을 뜨고 몸을 반쯤 일으키고 정색한 채 말했다. "난 아프면 아프다고 말하는 사람이야. 아무 말도 없으면 그냥 계속하면 돼."

그 짜증에 오히려 그 애는 깊게 감동받은 것 같았다. 섹스가 끝나고 의례상 서로 팔을 베고 누워 있는 타이밍에 (굳이 필요할까? 그냥 택시를 타고 나오면 안 되나? 이 '애정 나누기' 단계가 진심으로 좋은지 모르겠다.) "네가 그렇게 솔직하게 다 말해 주는 사람이라 좋아."라고 했다. 그런데…… 좋으면 어쩔 것인가.

사무실에서는:

'차별금지법은 사회적 논의의 대상'이라는 이재명 후보의 발언에 퀴어 활동가가 사과하라고 외쳤다. 빙글빙글 비웃으며 "다 했죠?"라고 대꾸하고 사라진 이재명 후보에 대한 항의 입장문을 쓰느라 퇴근이 늦어졌다.

(D-91)

이사할 때마다 꼭 하는 일은 정체성들을 기록한 진단서를 떼어서 다음 병원으로 옮기는 것이다.

    정신병자들은 자신이 먹는 약을 기억한다. 아침에는 우울 약, 저녁에는 불안 약, 비상용으로 가지고 다니는 공황 약. 요즘은 주는 대로 먹지만, 정신과를 처음 다니며 나와 잘 맞는 약을 찾아가던 시기에는 다국적 제약 회사들이 내놓은 약 이름을 정체성처럼 줄줄 외웠다. 자낙스, 프로작, 리보트릴, 발륨…….

    2016년부터 정신병원에 다니기 시작했다. 페미당당 친구이자 의사인 예윤이 이미 1년 가까이 권유한 뒤였다. 정신과에 편견이나 거리낌이 있었던 것은 아닌데…… 아니, 지금 생각하니 둘 다 있었다. 정신과에 다니는 사람들은 나보다는 훨씬 심각한 문제를 겪고 있으리라는 편견, 한번 약을 먹기 시작하면 돌이킬 수 없이 평생 거기 의존해야 할 것 같다는 거리낌.

    정신병자 정체성을 받아들이는 일은 레즈비어니즘을 받아들이는 과정과 비슷했다. 남들에게 내세울 만한 특징으로 여겨지지는 않지만, 일단 자아로 받아들이고 나면 부정했던 과거까지도 정체성의 일부가 된다는 점에서.

"그럼 정체화는 언제 하셨어요?" 퀴어 동아리에 신입으로 들어가면 아이스 브레이킹용으로 주고받는 질문이다. "레즈비언이세요? 바이? 팬섹슈얼? 아, 여자는 처음 만나 보시는 거예요? 영광이네요. 그럼 정체화는 언제 하셨어요?" 조이 데이트를 할 때도 가끔씩.

헤테로 데이트에서는 이런 질문이 절대 나오지 않는다. "언제부터 이성에게 호감 혹은 성욕을 느끼셨어요?"라고 물어볼 필요는 없으니까. 가끔 혐오 세력은 어딜 가든 무지개 깃발을 휘날리려는 퀴어를 보고, 네가 누굴 만나든 상관 않는데(존나 상관함.) 뭘 그렇게 내세우고 다니냐고 한다. 그러게. 왜 우리에게는 정체성이 이토록 중요할까?

정신과에 처음 가던 날을 기억한다. 아직 가족들과 살던 때였다. 주방에서 청소기를 돌리고 있는데 무심코 입 밖으로 말이 나왔다. "죽고 싶다." 거실에 있던 엄마는 못 들은 것 같았지만 나는 깜짝 놀랐다. 몇 달 전부터 머릿속에서 배경 음악처럼 들리던 문장이었다. 입으로 내뱉은 적 없으니 귀로 듣는 경험은 처음이었을뿐. 지하철에서 음악을 틀었는데 에어팟 연결이 안 되어 있을 때처럼 당황했다. 그제서야 병원에 가기로 결심했다.

12월 8일 수요일

D-DAY
3월 9일 수요일

처음 방문하는 정신과는 맛집 찾듯 찾았다. 퀴어 친화적인 병원에 대한 정보가 잘 없던 시절이었다. 지도 앱을 켜 놓고 평점이 높지만 광고성 후기는 없는 듯한 병원에 전화해서 다음 날 진료를 예약했다.

공유 자전거를 타고 세 정거장 거리의 병원에 갔다. 돌아오는 길에 처음 보는 빵집이 있어서 식빵을 사 왔다. 엄마에게 드렸더니,

"이걸 어디서 사 왔어?"

"화정역에서요."

"왜 거기까지 갔어?"

"병원 가려고요."

"무슨 병원에 갔는데?"

"정신과요."

"정신과에 왜 갔는데?"

"우울하니까 갔죠."(웃음)

엄마는 아무 말도 하지 않았다. 네가 '미친' 것도 아닌데 왜 정신병원에 다니냐고 할 위인은 아니었다. 그러나 괜찮냐고도 물어보지 않았다. 정신과라서 그랬나? 다리가 부러졌더라도 나는 혼자 알아서 병원에 다녀오고, 엄마는 똑같이 무덤덤하게 반응했을까?

엄마에게 하는 커밍아웃도 비슷하게 이루어졌다.

"저 부산 갈 거예요."

"부산엔 왜?"

"좋아하는 사람이 거기 살아요."

"좋아하는 사람? 남잔데 여잔데?"

"여자."

어디 나가서 말하는 커밍아웃 스토리는 그랬다. 실상 커밍아웃을 할 필요도 없었다고. 좋아하는 사람이 생겼다는 말만 했을 뿐인데 엄마가 먼저 성별을 물어봤다고.

그런데 요즘 들어 그다음 대화도 떠오른다. 엄마는 아마 이렇게 말했다.

"여자? 남자를 좀 좋아해 봐. 영양가 있게."

그러니까 엄마는 '좋아하는 여자'라 해도 진짜 '좋아하는 사람'이라는 의미로 받아들이지 않았던 듯싶다. 돈 많은 남자랑 결혼해서 호강시켜 달라는 엄마의 위악적 농담을 나는 기억 속에서 일부러 편집했던 걸까? 아니면 기억하면서도 무시했던 걸까.

생각해 보면 내 대국민 커밍아웃은 S 후보 때문이었다. 5년 전 대선 토론회에서 동성애에 반대한다는 문재인의 발언에 S가 '1분 찬스'를 썼을 때. "동성애는 찬반의 문제가 아니다."라고 말해 준 순간 나는 멈춘 숨을 다시 들이쉬었고, 그에게 큰 빚을 지게 되었다고 생각했다. 며칠 후 ○○당 고양시 청년당원 카톡방에서 사람을 구하는 글이 올라왔다. S 후보 지지 영상을 찍을 모녀를 찾는다고. 나는 엄마를 데리고 화정역 사무실로 갔다. 우리가 어떤 모녀인지, 왜 둘 다 S를 지지하는지를 카메라 앞에서 설명했다. 그 영상에서 나는 커밍아웃을 했다. 나와 같은 성소수자들에게 토론에서의 순간이 큰 위안이 되었다며 눈물도 흘렸다.

영상은 결국 온라인에서 내려갔다. 엄마가 부탁했기 때문이었다. "주변 친구들이 하도 불쌍해하고 위로를 해대서 안 되겠다." 괜히 내가 울어서 불쌍한 성소수자처럼 비춰지지 않았나 싶어서 조금 후회가 됐다. 나에게는 아니지만 엄마에게는 첫 커밍아웃이었을 텐데. 그도 당연하고 뻔뻔한 커밍아웃을 경험할 수 있었으면 좋지 않았을까?

내가 엄마의 자랑이 될 필요가 없듯이 엄마도 나의 자랑이 될 필요는 없다. 하지만 난 엄마를 좋아하기만 한 것은 아니다. 말이 잘 통하는 엄마. 한국에 흔치 않은, 커밍아웃을 해도 괜찮은 엄마. 아니, 커밍아웃을 할 필요조차 없는 엄마. 그런 엄마를 가지고 싶었을까? 엄마는 나의 자랑거리였나? 그래서 엄마가 나를 실망시킬 때마다 애써 모른 척했던 것일까?

(D-90)

정체성에 대해 말하기 위해 빨리 나이 먹고 싶었다. 그래야 누구에게도 부끄럽지 않게 내가 레즈비언이라고 말할 수 있을 것 같았다. '너 얼마 전까지 남자 좋아하지 않았나?'라는 의구심은 바로 내 안에서부터 일었으므로.

20대 중반에 첫사랑을 만나고 세상에서 가장 예쁜 사람이라고 생각했다. 그러면서도 내가 반한 줄 몰랐다. '동경'이나 '걸크러시'처럼 여자가 여자를 보고 특별한 애착을 느끼는 데에는 사랑 말고도 다른 붙일 이름이 많으니까. 그에게 먼저 연락이 왔는데 답장할 생각도 못하고 일주일을 보내고는 깨달았다. 아! 내가 이 사람을 좋아하는구나.

좋아하는 여자가 생겨서 얼마나 기뻤는지 모른다. 그동안 친구들은 "너는 분명 레즈비언이야."라고 내 정체성을 예언하곤 했다. 대학생 때는 한 다리 건너 누군가가 "심미섭 씨는 여자 좋아해?"라고 물어봤다는 이야기를 전해 듣기도 했다. 내가 강해 보여서, 남들과 다르게 옷을 입어서, 남자를 사귀지 않아서 그런 줄

| 12월 9일 목요일

D-DAY
3월 9일 수요일

알았다. 남의 성정체성을 속단하거나 추측하다니, 무례했지만 기분이 상하지는 않았다. 나중에는 "레즈비언이야?"라는 질문에 이렇게 답했다. "차라리 그러고 싶어."

좋아하는 언니가 생기자 내가 양성애자와 범성애자, 동성애자 중 어디에 속하는지를 오래 고민하지는 않았다. 천석에게 정체성 상담을 하자 그는 말했다. "그런데 미섭은 스트레이트일 것 같아. 헤테로라는 뜻이 아니라 여자든 남자든 한쪽만 쭉 좋아할 것 같아. 그냥 스트레이트 레즈비언 하지 그래?"

나는 레즈비언이라는 정체성을 그냥 정했다. 어느 날 갑자기 "저는 레즈비언입니다."라고 말하기 시작했다. 어떤 친구들은 의아해했다. "너 좋아하던 남자도 있었잖아?" 내지는 "그럼 왜 근육 빵빵한 남자 사진을 공유했어?" 어쩐지 조금 부끄러웠다.

퀴어로 재정체화하면 과거와는 어떤 관계를 맺어야 할까? 언제까지 나는 '신입 레즈비언'으로 살아야 할까? 남자가 게이맨으로 정체화하면 그는 그냥 게이가 된다. 앞서 사귄 여자들은 정체성 탐구 과정에서 만나 본 사람들이고. 한편 '진짜 레즈비언'이 되기 위한 기준은 훨씬 엄격하다.

「캐롤」이 퀴어 영화가 아니라고, 캐롤과 테레즈에게는 남편과 남자친구가 있지 않냐고, 그들은 레즈비언이 아니라 어쩌다가 서로를 사랑하게 되었을 뿐이라는 리뷰가 얼마나 많나. 하지만 「브로크백 마운틴」은 아무도 그렇게 해석하지 않는다. 그들은 그냥 게이맨이다. 아무리 부인과 아이가 있다고 하더라도.

그런데 나는 왜 굳이 '레즈비언 됨'을 택했을까? '순수한 레즈비언'이 되고 싶었나? 양성애자 혐오 때문은 아닐까? 퀴어성에도 진골과 성골이 있을까?

저는 뒤늦게 정체화를 했는데요. 20대 중반에요. 그전에는 남자를 좋아하는 줄 알았는데…… 아, 실제로 좋아도 했었고요. 그런데 섹스하거나 사귄 적은 없고요. 여자를 만나서 그 모든 걸 다 했어요. 그런데 남자를 안 만난 이유는…… 네, 정말 좋은 남자를 근처에 두지 못해서 그럴 수도 있겠네요. 아니, 그냥 제가 이성애자로서는 안 팔렸을 수도요. 네, 그럼 양성애자일수도 있겠네요.

항상 이렇게 설명하고 대꾸하기는 너무 피곤하다. 하지만 귀찮고 복잡하다는 이유로 그냥 스트레이트한 레즈비언이라고 선언하는 건 비겁하기도 하다. 여자 아니면 남자라는 이분법을 받아들이기로 한 것이니까. 그리고 애매하고 어려운 정체성을 언어화해 세상에 설명하느라 여전히 진을 빼는 친구들에게는 염치없는 일이기도.

(D-89)

드디어 국회의사당에 들어갔다. S 후보 의원실에서 열리는 '참모 회의'다. 선거 캠프에서 일하기 시작하면서 기대한 모습이었다. 큰 책상에 둘러앉아 어떤 정책을 제시할지, 유세는 어떻게 할지 의논하는 자리. S도 물론 참석하고. 아무렇지 않은 척했지만 실은 설렜다. 4시쯤 회의장에 들어갔는데 후보의 촬영 스케줄 때문에 한 시간을 기다렸다. 늦어져도 나는 6시에 맞춰 퇴근해야지 다짐하면서.

청년 정책을 이야기하는 회의니, 논평 쓸 때 참고하라며 위원장이 나를 불러 참석할 수 있었다. 직사각형 책상에 S를 중심으로 '위원장님' 아저씨들이 빙 둘러앉았다. 책상은 사무실 공간에 비해 지나치게 컸는데, 한쪽 벽 전체를 뒤덮은 책장에 책뿐만 아니라 감사패나 액자가 이리저리 놓여 있어 더 좁게 느껴졌다.

어떻게 자리가 정해졌는지는 기억이 안 난다. 정신을 차려 보니 책상을 중심으로 삼중 수건 돌리기를 하듯이 세 겹으로 사람들이 앉거나 서 있었다. 위원장은 책상 앞에, 나는 그 바로 뒤에 간이 의자를 펴고 앉았다. 즉 나에게 부여된 책상은 없었다는 뜻이다. 공중에 메모패드를 받쳐 들고 회의 내용을 메모했다. 앉기는 해서 그나마 다행인가? 몇몇은 내 뒤에 서 있었으니.

    정치적으로 올바르지 않겠지만, 아저씨들이 싫다! 아저씨들과 함께 존재하기는 더더욱 싫다! 나는 결벽증이 심하다. 공간이든 사람이든 청결하게 통제할 수 있는 환경에서 지내고 싶다. 그래서 출근도 못 하겠는데 정치를 일로 할 생각은 더더욱 없다. S는 괜찮을까. 그는 이성애자라서 괜찮나. 아니 이런 수준의 직업의식은 옳지 않나.

    발언 기회를 얻으리라는 기대는 없었는데 위원장도 마찬가지였나. 회의는 이렇게 진행됐다. S가 의제를 묻고, 옆에 앉은 사람이 대답하며 논의를 시작한다.(자기소개 같은 건 하지 않았기에 누가 누구인지 모른다.) 아저씨들이 돌아가며 의견을 제시한다. S가 한마디씩 훈수를 둔다. 아저씨들이 격렬하게 토론한다. 내가 슬슬 안 듣기 시작할 때쯤 S가 그럼 이렇게 하자고 결정한다. 방금 전까지 온갖 사소한 문제로 싸우던 아저씨들이 일순간 조용해진다. 그리고 회의 끝.

    결론을 맺지도 못하고 마무리하는 일이 많은 페미당당식 회의에 익숙했기에 조금 놀랐다. S가 아주 약간 짜증 섞인 말투로 "그럼 이렇게 정하죠."라고

12월 10일 금요일

하면 모두가 순식간에 입을 다물어 버리는 풍경이라니. 군대 같다는 감상을 넘어 자연 다큐멘터리처럼 느껴졌다. 우두머리 늑대가 한번 으르렁거리면 모두가 꼬리를 내리는 광경.

회의장에서 나오는데, 누가 내 어깨에 손을 덥석 올리더니 어깨를 주물렀다. 뒤를 돌아보니 S 후보였다. "우리 지난번에 행사에서 봤죠? 잘 왔어요." 순간 얼어서 "네. 그렇게 되었습니다." 하고 나왔다. 아까까지 아저씨들과 일하는 게 괜찮을지 그를 걱정하던 게 우스워졌다. 비유가 아닌 진짜 말 그대로의 스킨십을 하다니. 정치인의 덕목이란 이런 걸까. 상대를 기억하기, 심지어는 그가 자신에게 특별한 존재라고 느끼게 하기.

인상적인 장면을 기록해 둔다. 당장 다음 주 월요일로 예정된 공약 발표 장소가 후보 마음에 안 드는 상황. 거기는 좁고 언론도 못 들어오니까, 국회의 다른 공간으로 옮기라고. 그럼 KBS에서 유튜브 라이브도 해 주지 않냐고. S가 말을 끝내기도 전에 내 뒤에 서 있던 사람들이 부산스러워진다. 갑자기 전화를 걸며 회의장 밖으로 나간다. S는 눈도 깜짝하지 않는다.

애초에 왜 그 회장을 선택했는지 이유라도 물어볼 줄 알았는데⋯⋯. 결정을 번복하니 당황한 사람들의 움직임이 바람처럼 불어왔는데도 그쪽으로는 눈길조차 주지 않았다. 오히려 내가 눈치를 봤다. 이래도 되나? 이렇게 많은 사람을 불편하게 혹은 두 번 일하게 해도 되나?

　그때 위원장이 뒤돌아 핸드폰을 확인하라고 손짓했다. 텔레그램 메시지로 국회 시설팀에 월요일 2시에 비어 있는 장소를 문의하라는 지시가 왔다. 나도 갑자기 죄지은 사람처럼 허리를 굽히고 회의장을 빠져나왔다.

　국회 시설팀에 전화하니 금요일에는 일찍 퇴근하는 거 모르냐며 "아무리 늦어도 5시 30분까지는 장소 확정해야 하는 것 아니냐. 지금 10분 남았다."라고 싫은 소리를 좀 했다. 확인하고 곧 연락해 주겠다는 말에 다시 정중히 부탁을 드리고는 답변을 기다렸다. 회의실 옆 탕비실에 가만히 서서 한참을. S가 원하는 바가, 그게 공약 발표회장 변경 따위일지라도 꼭 이루어지기를 어느새 진심으로 바라면서.

　꽤 감명 깊은 장면도 있었다. 청년 정책을 의논하는 자리였잖아? 팬데믹 시기에 대학을 다니거나 졸업하는 이들을 위해서는 어떤 경제적 지원이 필요한지를 주로 논의했다. S는 "불쌍하잖아."라는 말을 자주 했다. 경제적 약자를 동정하는 모습으로 비치지는 않았다. 그랬다면 거부감을 느꼈을 것이다. 그보다는 뭐랄까, 자식을 걱정하는 엄마?

　S가 말했다. "그런데 학자금 대출을 중위소득 50퍼센트까지만 감면해 준다고 하면 억울하잖아요. 51퍼센트라서 혜택받지 못한 학생은 어떡해요. 이런 정책 내놨다가 괜히 욕만 먹고 표 깎이면." 어떤 아저씨가 답했다.

"후보님, 표 떨어질 걱정하지 마시고 무엇이 정의로운지 생각해 보시죠." S는 바로 수긍하는 듯했다. 회의실 안에는 아무런 동요도 일지 않았다. 당연하다는 듯이 넘어갔다. 그때 내가 느낀 감동이란!

(D-88)

어제 참석한 참모 회의를 계속 떠올린다. 아저씨들이 저소득 청년 생계비의 대출 만기를 30년으로 할지 35년으로 할지 고민하고 토론했던 순간을. 당장 내일이라도 집권해 정책을 시행해야 하는 사람들처럼.

12월 11일 토요일

  원래 정치인들은 아무리 가능성이 없어 보여도 늘 마법 같은 당선을 염두하는 사람들일까? 얼마나 진심일까? S는 정말 자신이 대통령이 될 수 있다고 생각하며 유세를 다닐까? 그렇다면 나는 그 믿음에 감동할까 아니면 실망할까?

  김문수의 변절에 대해 유시민은 말했다. 그는 이상이 높았기에 좌절도 깊었다고. 학생 운동, 노동 운동에서 출발한 '민주 세력'이 정권을 얻고 세상을 바꿀 수 있다고 기대했기 때문에 결국 실망하고 변절했다는 의미로 받아들였다.

  그 말은 S 같은 사람들, 변절하지 않은 이들은 안 될 것을 알고도 투쟁했다는 뜻이다. 바닥에서부터 노력하지만 정상을 점령할 수 있다고는 믿지 않는 태도. 누군가가 고지를 차지할 수 있다고조차

D-DAY
3월 9일 수요일

생각하지 않는 모순적인 이상주의.

    고대 철학 수업 첫 시간에 선생님은 말했다. 한 학기 동안 저 수평선 너머를 탐구할 것이다. 그러나 절대로 그 목표를 이루지는 못하리라는 각오를 해야 한다. 아무리 높은 산에 올라도 우리는 수평선 밖을 볼 수 없으니.

    지극히 낭만적이기에 정치적이지는 않을지도 모르지만 이런 신화적인 태도가 늘 좋았다. 실제로 ○○당을 지지하는 나를 보고 어떤 친구는 '정치 힙스터'라고 평했다. 정권을 잡고 현실을 바꿀 수 있지도 않은데 멋들어진 이상만 추구한다고. 하지만 산을 타는 도중에 쓰레기도 줍고 물도 나눠 마시는 행위 또한 내 인생에선 중대한 변화였다.

    철학과에서 배운 수많은 태도 중 가장 좋아하는 것은 '에포케(epoche)'다. 한국어로는 '판단 중지' 혹은 '판단 유보'로 번역되는데, 그 의미와 쓰임을 따져 보았을 때 '판단 지속'이 더 적절하다는 의견도 있다. 내게는 어느 쪽이 옳은 해석인지 판단할 능력도 권위도 없지만, 에포케를 '판단 지속'으로 심지어는 '영원히 생각하기'로 내 멋대로 이해하고 있다.

    에포케를 주장한 철학자들은 회의주의자로 분류된다. 이들은 모든 가치나 존재를 가볍게 여기거나 부정하기까지 하는 허무주의자와는 구별된다. 그보다는 세상에 만연하고 절대적이라고 여겨지는 가치, 즉 도그마를 거부하는 데에 이들의 핵심 정신이 있다.

그렇기에 이들은 끊임없이 회의한다. 의심하고 또 의심하고…… 그러다 '이 세상에 절대적인 것은 없다.'라는 생각에 미치면, '절대적인 것은 없다는 생각 자체가 절대적이지는 않나?' 하고 의심한다. 이때 필요한 태도가 에포케다. 판단을 멈추고 지금까지의 사고에 따라 행동하는 것이다. 그렇지 않다면 '아무것도 모르겠다.' 하고 모든 실천 의지를 놓아 버리는 허무주의자가 되어 버리기 때문에.

모순적이더라도 우리는 어느 지점에서 주관을 정하고 실천하며 살아가야 한다. 다만 에포케는 막다른 길에 '멈춤' 표지판을 놓고 다시는 들어가지 않는 태도는 아니다. 그보다는 '저기 내가 잠시 유보한 지점이 있다. 그러므로 그 길을 영원한 숙제로 놓아 두고 줄곧 생각하며 살아가자.'라는 태도가 내가 믿는 에포케다.

늘 궁금했다. 나는 어쩌다 페미니스트 활동가가 되었을까? 이미 '여성 해방 세상'이 온 것처럼 살아가는 어른들이 좋았음에도. "아니다. 여기 차별이 있다."라고 굳이 짚어 말하는 사람은 좀 촌스럽다고도 여겼음에도. 나는 왜 S처럼 천연덕스럽게 운동권 대표가 되지 못하고, 굳이 엄마 아빠 성을 병기해 쓰면서 '유난'을 떠는 페미니스트들의 뒤를 잇게 되었을까? 철학을 공부하고 사고하는 일을 업으로 삼으며, 페미니즘을 회의주의로 이해하고 있기 때문은 아닐까?

활동가가 된 여러 이유가 있지만, 곧장 떠오르는 순간은

"화제의 남류 작가 동정작 데뷔"라는 문구를 보았을 때다. 메갈리아가 탄생하고 '미러링 기법'이 처음으로 사람들 입에 오르내리던 시기였다. 그동안 당연시되던 사고방식이 뿌리 깊은 차별의 결과임을 깨닫게 된 것이다. 내가 살고 있는 세상은, 그보다도 내 사고방식은 잘못되었구나. 세계관을 넓힐 수 있는 기회는 아주 귀하기에 쾌감을 느꼈던 것도 같다. 비록 그렇게 만난 세계가 고통스럽더라도.

2017년 여성의날은 탄핵 이후 대선을 앞둔 때였다. 페미당당은 '나는 (　　) 대통령을 원한다'라는 글귀가 새겨진 손 팻말을 시민들에게 나눠 주고 괄호 안을 채우게 했다. 팻말을 든 사진을 찍어 올렸다가 악플 세례를 받기도 했는데, 가장 많은 비난을 받은 문구는 "나는 (아나키스트) 대통령을 원한다"였다.

많은 댓글에서 무정부주의자 대통령이 대체 말이 되냐고, 무식한 소리 하지 말라고 비웃었다. 그러나 나는 '아나키스트 대통령'이라는 모순이 페미니스트의 핵심적인 태도와 참 닮았다고 느꼈다. 박근혜라는 대한민국 최초의 '여성' 대통령을 페미니스트의 이름으로 파면한 직후라서 더욱 그랬다. 독단을 경계하고 끊임없이 회의하는 태도. 스스로 절대 권력이 되기보다는, 주변을 돌며 권력 구조를 무너트리려는 태도.

그렇기에 나의 페미니즘은 '여성 우월' 같은 것이 아니다. 혹여나 '여성'에게 다른 이들보다 나은 점이 있다면, 그것은 소수자로서의 경험과 성찰에서 기인했다고 믿는다. 그러니 여성이 정말 권력을 얻게 된다면, 그래서 더 이상 차별받지 않게 된다면 나는 진심으로 기뻐하며 페미니스트라는 이름을 반납할 수 있을 것이다.

(D-86)

9시, 텔레그램으로 출근을 알린다. 정시 출근을 했다는 선언이다. 딱히 업무 지시가 없다면 오늘은 무슨 무슨 업무를 하고 있겠다고도 말한다. 이 과정은 허공에 외치는 일처럼도 느껴졌지만(사무실은 대개 텅 비어 있으므로) 첫 출근 날부터 오늘까지 하루도 빼먹지 않았다. 이는 지각을 하지 않겠다는 의지 표명인 동시에, 9시 땡 치기 전에는 아무도 나에게 일을 시킬 수 없다는 선언이기도 했다. 가끔 출근길에 그러니까 7시 30분이나 8시쯤에 업무 메시지가 왔다. 그러면 핸드폰에 알림 배너로 뜨는 메시지(의 앞부분)를 읽고 조용히 무시했다. 9시가 될 때까지 모바일 게임을 하다가 정각에서야 확인하고 답을 보냈다.

   9시 10분, 컴퓨터를 다 세팅하고 업무 준비를 마친다. 그러나 명확한 지시가 없는 상태에서는 본격적으로 업무에 착수하기가 어렵다. 세면 도구를 챙긴다. 화장실에서 세수를 하고 이를 닦는다. (우리 층에는 무슨 '정치'나 무슨 '사회'라는 이름의 사무실도 있지만…… 그들도 9시에 출근하는 유의 직장은 아닌 듯했다.) 화장지로 대충 얼굴의 물기를 닦고 크림을 바른다.

9시 30분 때로는 10시까지 나의 루틴
- ☐ 요가 매트 펴고 스트레칭.
- ☐ 벽 짚고 팔 굽혀 펴기.
- ☐ 오늘 마실 차 타기.
- ☐ 사무실 프린터로 논문 인쇄해서 읽기.
- ☐ 친구들과의 단체 카톡방에 "오늘도 아무도 안 왔다."라고 쓰기.

무정부 상태로 기다리다 보면 다른 신입인 K가 도착한다. 청년위원회 미디어국 국장인데, 그 말고 다른 국원은 없다! 이곳의 호칭 인플레이션이 그러했다. 나도 공보국장이라는 직책을 맡게 되었다. 물론 공보국도 나 혼자서 꾸려 가는 1인 조직이다.

   K는 성실하고 실력 좋은 사람이다. 미디어국을 맡고 있다는 죄로 본래 업무인 동영상 홍보물 편집 말고도 온갖 역할이 그에게 다 부여되었다. 행사 나가서 마이크 설치하기, 현장 사진 찍기, 그 사진을 보정하기, 유튜브 콘텐츠 촬영하기, 그 영상을 편집하기, 유튜브에 업로드하기, 웹자보 등 디자인 홍보물 만들기까지…… 한 사람이 해낼 수 없는 일을 모두 맡고 있다.

   K가 9시를 넘겨 사무실에 도착하는 이유는 보통

| 12월 13일 월요일

D-DAY
3월 9일 수요일

아침 행사에 사진 촬영 따위로 불려 가기 때문이다. 때로는 야근한 다음 날 늦잠을 자서 지각하기도. 그러면 나는 오히려 K를 격려하고 칭찬한다. 노동자의 빼앗긴 권리를 어떻게든 되찾고 있다며.

(D-85)

12월 14일 화요일

내가 쓰는 글이 위원장 개인의 이름으로 나간다니. 이 문제에 대해 따지기로 마음먹었다. 내가 쓴 글은 한 사람의 이름이 아니라 청년위원회 전체의 성명으로라도 나가면 안 되냐고.

내가 캠프에서 맡은 일은 이거다. 위원장의 기조에 맞춰 논평을 쓰고, 확인을 받아 내보내기. 원래는 대변인이 따로 있기도 했고 논평은 위원회 이름으로 나가기도 했다는데, 최근에는 계속 위원장 개인의 이름으로 나가고 있단다.

미국 정치 드라마를 떠올리면 당연한 것 같기도 하다. 연설문 작성자라는 직업이 따로 있지 않나. 대통령이 텔레비전에 나와서 하는 말을 직접 썼다고 생각하는 사람은 없으니까. 그런가? 대학에서는 남의 글을 허락 없이 가져다 쓰면 잘못된 일이라고 가르친다. 개인 트위터나 인스타그램에 올라오는 글도 출처 없이 베끼면 사회적 지탄을 받는다. 하지만 여기는 정당이니까, 내 관점과 의견을 넣어 내가 쓴 글이 '대표자'의 이름으로 나가는 건 당연한 이치인가?

D-DAY
3월 9일 수요일

내가 쓴 글이 익명으로 배포되는 데에는 익숙하다. 사회 운동을 하면서 홍보 문구부터 의견서, 선언문까지 글 쓰는 일을 도맡아서 한 적이 많았다. 그런 글에는 전혀 '크레딧'을 주장하지 않는다. 결과물이 내 '스펙'이 되지도 않고.(한편 디자이너들은 사회 운동의 일환으로 만든 포스터 등을 자신의 포트폴리오에 넣기도 하더라. 여기에 영감을 받아 나도 홈페이지에 내가 쓴 글을 쏙 끼워 넣은 적도 있다.) 내 글을 공공재로 게시하며, 때때로 아쉽거나 섭섭하기는 했지만 부당하게 여긴 적은 없다. 왜냐하면 글의 핵심 주제는 모두가 동의하는 바이고, 이를 글로 전달하는 것은 기술일 뿐이라고 생각했기 때문이다. 무엇보다 페미당당 활동을 하며 쓴 글은 '우리' 단체의 이름으로 나간다! 개인의 이름이 아니라!

(D-84)

아! 요즘 섹스를 다시 해서 너무 좋다. H는 아무래도 몰랐겠지. 우리가 떨어져 있는 동안 내가 누구와도 섹스하지 않았다는 걸. 아니, 알았을까. 나를 사랑해서 그랬는지, 연애할 때의 습관인지, 혹시라도 내가 밤마다 혼자 잠드는 걸 확인하고 싶었는지는 모르겠지만 자기 전에는 항상 나와 영상 통화를 했으니까.

간밤은 그 애의 헤헤 웃는 얼굴로 시작되었다. 약속 장소에 먼저 도착해 책을 읽고 있는데, 5분 정도 지나 그가 당황한 듯 뛰어 들어왔다. 내가 아직 오는 중이라고 생각해서 밖에서 기다렸다고. "근처에 재밌는 거 진짜 많은데, 아세요? 새로운 가게가 엄청 생겼더라고요." 민망해서 마포구에 처음 와 보는 사람처럼 호들갑을 떤다고 생각했는데, 두어 시간 대화하니 가감 없는 본래 성격이었다.

건축 사무소에서 일하는 사람이었다. 최근에는 개인 소유의 작은 미술관을 짓는 프로젝트에 참여했다고 한다. 성게알을 얹은 콜드 파스타 한

12월 15일 수요일

D-DAY
3월 9일 수요일

접시에 하이볼을 두 잔씩 먹었을 뿐인데 영업 제한 시간에 걸려 가게에서 나왔다. "2차 가고 싶은데." 그의 말에 조금 웃었다. '2차'라는 표현이 새삼 낯설고 재미있어서. 자연스럽게 집으로 초대했고, 와인을 한 병씩 비우면서 온갖 얘기를 하던 중 "저는 조이 데이트도 항상 원나잇까지는 할 결의로 나오거든요." 하니 그가 눈에 띄게 안절부절했다. 의자에서 엉거주춤 엉덩이를 떼고 현관문 방향으로 몸을 돌려 "저, 저 집에 갈까요?" 하고 로봇처럼 뚝딱거렸다.

"항상 거기까지 생각을 해 둔단 거지 섹스를 꼭 해야겠다는 말은 아녜요." 그를 안심시키고 다시 앉혔다. 꼬시려고 한 말이 아니라 늘 하는 생각을 그저 언어로 내놓은 것일 뿐이었다. 초조해하는 그에게 말했다. "그냥 편하게 놀다가 집에 가면 돼요. 귀가할 자신이 없다면 여기서 자고 가도 되고." 그래도 한참을 우물쭈물하다 진정이 되지 않는지 "저 지금 가야겠어요!"라고 결심한 듯 외치고는 현관문 밖으로 나섰다. 나 차이는 건가? 그건 아닌 것 같았다. 내가 빌려준 책을 품에 꼭 감싸 안고 "다시 만날 수 있지요? 꼭 만나요." 하고 재차 약속을 받아 내고서야 현관문을 연 걸 보면. 추우니까 택시를 불러서 도착하면 나가라는 말에도 그는 어떻게든 뿌리치겠다는 양 도망치듯 떠났다.

10분이 채 지나지 않아 그에게서 전화가 왔다. "재워 주세요." 유튜브 동영상을 아무거나 틀어 놓고 설거지를 하려던 참이었다. 웃으며 어디냐고 물으니 집 앞이란다. 대문을 여니 그 애가 담배를 피우고 있었다. 몇 대나 피웠냐고 물으니 세 대째란다. 밖에서 뭘 했냐고 물으니 용기를 냈단다. 담배 세 대어치의 용기를 낸 그 애를 집 안으로 다시 들일 때까지도 과연 섹스를 하자는 건지, 확신이 들지 않았다. 집에 가고는 싶은데 너무 춥고 택시가 안 잡혀서 돌아온 걸 수도 있잖아?

섹스를 하게 될지 잘 모르겠을 때 나는 그냥 가만히 있는다. 전혀 로맨틱하지 않은 방식으로 너랑 자고 싶다고 말할 뿐이다. 그리고 기다린다. 상대도 섹스를 원한다는 사실이 명확해질 때까지. 그러면 보통 상대가 입을 맞추거나, 품에 얼굴을 파묻거나, 침대로 가자고 한다.

그는 좀 달랐다. 피곤하면 진짜로 잠만 자고 가도 된다고 말하는 내 앞에 서서 양손을 잡고 물었다.

"나랑 하고 싶어?"

"응."

"나…… 내가 좋아? 나로…… 괜찮아요?"

대답하는 대신 웃었다. 파안대소에 가까웠던 것 같다. 이러다 '나 같은 걸로도 충분해?' 같은 대사까지 나오겠네. 실제로 그렇게 말했나? 기억이 잘 안 나지만.

하여튼 울 듯한 그 애의 얼굴에 내가 뽀뽀하며 섹스는 시작되었다. 그는 생리 중이었고 텍하는 쪽은 익숙하지 않다기에 내가 먼저 눕혀졌다. 막상 그 애는 섹스를 재미있어했다. 실제로 내 보지에 손가락을 넣으면서 입을 벌리고 하하 웃었다. 그 점이 나에게 엄청나게 자극적이었다. 섹스에 미치거나 그걸 좋아한다기보다 재미있어하는 모습. 섹스를 통해 욕망이 해소되기는커녕 오히려 쌓여 가는 광경을 지켜보는 게 좋았다.

   내 얼굴을 보면서 그는 물었다. 대답을 바라는 것 같지는 않았다. "너 아까 저기 앉아 있던 그 사람이 맞아?" 먼저 깁을 받은 나는 이번에는 그냥 밀어붙여 보았다. "그럼 삽입하지 않고 만지기만 할게." 소리를 내고 축축해지길래 입을 가져다 댔고, 고백하자면 마지막에는 살짝 손가락까지 넣었다. 생리컵 꼭지가 만져졌다.

   그 애를 출근하기 전에 잠깐 보고 싶었는데 그러지 못했다.

(D-83)

16일! 계획대로라면 샌프란시스코로 출국하는 날이었다. 출근한 지 딱 2주 되는 날이기도 하다. 모든 것이 빠르게 지나가고 나는 예상보다 괜찮다. 전에도 괜찮다고 하다가 갑자기 휙 쓰러지곤 했지만, 이제는 그 정도로 악화되지 않게 상황을 관리할 수 있을 것 같다. 조금 힘들면 누워 있고, 약 먹고, 친구들한테 전화해서 도와달라고 하면서.

12월 16일 목요일

 그나저나 ○○당의 여자들…… 그러니까 지정 성별 여성 정치인들을 나는 마음속으로 다 여성애자라고 취급하고 있나? 그 정도는 아니고 그들이 남성애 얘기를 하면 혼자 깜짝 놀랄 뿐.

 위원장과 J를 포함해 당의 여성 정치인 넷이 진행하는 팟캐스트 준비를 맡았다. 이번 회차의 주제는 반반결혼, 더치페이, 스텔싱 등. 최대한 많은 이가 공감할 수 있는 보편적인 소재를 골랐겠지. 이런 주제에 관한 콘텐츠가 정당 차원에서 생산된다는 점은 페미니스트 입장에서 긍정적이지. 다만 사소한 문제는…… 대본을 써야 하는 내가 데이트 통장이나 신혼부부 주택 청약에 대해 고민해 본 적이 없다는 점.

　네 여자가 멋지게 포즈를 취한 팟캐스트 포스터를 인스타그램에 올렸더니 J가 레즈비언이냐는 디엠을 받았다. 물론 레즈비언 친구로부터. "왜? 식 돼?"라고 물었더니 바로 답장이 왔다. "급해." 한참 웃고는 전혀 모른다고 답장해 그를 실망시켰다. 팟캐스트를 꼭 듣겠다기에 말했다. "팬심으로만 들어. 네가 공감할 만한 내용은 별로 없어." 아무런 예고 없이 그를 이성애 이야기에 빠트릴 수는 없었으므로.

　'당연히 너도 여기 관심이 있지?'라는 코앞까지 들이밀어진 주제에 대해 눈만 끔뻑끔뻑할 수밖에 없는 심정, 이곳에서도 겪을지는 몰랐다. 아니, 여기서 더 자주 접하게 되겠구나. 선거에서는 최대한 많은 '여자'들의 표를 받아야 하고, 나는 그 표를 끌어내는 데 기여하는 하루하루를 보내야 하니까. 그런 측면에서 선거와 소수자 문제는 과연 상극이 아니라고 할 수 있을까?

　와중에 이준석이 페이스북에 포괄적 차별금지법을 제정하면 "백신 맞은 사람과 안 맞은 사람 간의 차별은 어떻게 생각하는가.", "농어촌 특례 전형은 유지할 것인가." 같은 '연습 문제'를 풀어야 될 거라는 글을 올렸다. 그는 별 고심 없이 던지듯 썼겠지만 자료까지 찾아서 대응해야 하는 사람은 누구? 바로 나다. 근데 어그로를 진짜 잘 끌긴 한다. 그런 면에서 똑똑한 건가…….

저녁에는 회식이 있다. 비용은 사비 갹출로 할 건데 술집에 가지 않고 에어비앤비를 빌려서 마실 거래. 왜? 밤새워 마시려고? 얼마나 마시려고? 다들 아주 익숙하게 반응하는 모습을 보면 딱히 코로나19 집합 금지 때문도 아닌 것 같다. 물어봤더니 여의도 술집에서 누굴 마주치면 곤란해서래. 굳이 이렇게까지 해야 하냐고 물었더니 "미섭 씨도 유명 정치인이라면 기자들한테 술 마시는 모습 보이기 싫을 것 같지 않나요?"라고 되묻는다.

"그런데 우리 중에 유명 정치인 없잖아요."

(D-82)

정말 최악의 회식이었다. 회식은 처음이라서 상대적으로 얼마나 구렸는지는 알 수 없지만.

택시까지 불러서 간 에어비앤비는 숙소가 아니라…… 아니, 잠자리가 있었으니 숙소는 맞지. 영등포 어느 골목 안으로 구불구불 들어가면 나오는 작은 단독 주택인데, 가정집 인테리어를 그대로 유지해 낮에는 영어 학원 내지는 공부방으로, 밤에는 안쪽에 있는 한 칸짜리 방에 침대를 놓고 에어비앤비로 빌려주는 듯했다. 학원 용도로 쓰이는 곳이라 거실에는 큰 책상이 있었으며, 그 위에 편의점에서 사 온 맥주나 배달시킨 피자, 떡볶이 등을 늘어놓고 나누어 먹을 수 있었다.

우리 팀 다섯은…… 운동권 이야기를 했다. '당 사람'이 아닌 나와 K는 잘 모르는 내용이었다. 인문대를 다니면서도 전형적인 운동권에 속하지 않은 덕분에 피할 수 있었던, 신문이나 뉴스에 나오지도 않는데 어떤 선배는 굉장히 중요한 역사처럼 읊던, 어느 정파와 어디 정파가 싸워서 갈라졌다거나 하는 이야기들. 나는 언젠가 주워 들은 농담이나 보탰다. "PD는 평등의 약자고 NL은 노스코리아 러버의 약자라면서요." 좀 무례해도 될 것 같아서 한 말인데 사람들이 생각보다 더 당혹스러워했다.

갑자기 사무국장이 폭탄 발언을 했다. 자신은 이번 주까지만 나오고 퇴직하겠단다. 아니, 폭탄 발언이 아니었다. 나와 K만 빼고 모두가 알고 있더라.(당 사람들끼리 논의하고 결정할 거면 왜 외부인을 불러서 팀을 꾸린 거지.) 대선까지 두 달 조금 넘게 남았는데 위원장까지 고작 여섯인 팀에서 사무국장이 빠지면 어떻게 되는 거지. 역시나 당 사람인 M이 대신 총괄을 맡게 되는 분위기였다. 그는 입사한 지 고작 2주가량 되었음에도. 그것까지 내가 걱정하지는 말자. 나의 일이 아니다.

12월 17일 금요일

"공식적인 뒤풀이는 10시까지고요. 그 뒤엔 알아서 마시다가 가는 걸로 하죠." 사무국장의 말을 기억해 두었다가 10시 땡 치자마자 용암을 깔고 앉은 듯이 벌떡 일어났다. 옆에서 주스만 마시던 K도 같이 짐을 챙겼다. 평소 쫓기는 사람처럼 퇴근하던 K는 오늘도 재빨리 인사만 하고 뛰어서 집에 갔다.(퇴근 후에 바로 일정이 있어서 서두르는 줄 알았는데, 그냥 늘 달리는 분인가 봐.)

지하철을 타는데 건축가에게 연락이 왔다. 오늘 모처럼 일찍 퇴근하는데 우리 집으로 와도 되냐고. 체력과 정신력 모두 바닥난 상태라 좀 고민했지만 그러라고 했다. "나 지금 섹스는 못 해." 그래도 그 애는 옆에 와서 잠들었다. 나에게 다가온 강아지는 쉽게 파양을 못 하는데, 갑자기 이렇게 강아지 같은 애가 생겼네. 비록 강아지가 아니라 사람이라도 말이야.

사무국장의 모든 일이 자신에게 몰려 M이 화가 많이 났다. 내 경우는 시간 외 업무를 해야 한다는 게 특이점이지만…… 일할수록 그게 분명해지지만…… 난 여기에 화낼 필요가 없지롱~ 업무 시간이 아니면 전화를 안 받을 것이기 때문이지롱~

오늘 뭘 했나. 당의 성소수자위원회에서 이준석이 차별금지법 관련해서 소위 '연습 문제'라고 올린 글에 대한 '풀어보기'를 하고 싶어 한단다. 내 생각엔 바보 같은 짓이다. 이준석이 선생이야? 답을 주게? 시비에는 대답을 안 하는 게 낫다. 그렇지만 그에 대한 일종의 '답가'는 써서 올려야 했다. 왜? 그게 내 직업이니까.

위원장이 나갈 팟캐스트 준비하고 배고파서 라면 먹고, 종일 바빴다. 앞으로 더더욱 바빠지냐고 다른 직원에게 물어보니 위원장이 히트를 치면 그렇다더라. 히트를 치지 않게 해야겠군.

주말이다. 퇴근하면서 텔레그램 알림을 끄고 업무 전화를 차단해 두었다.

(D-81)

중학생 때였나. 엄마가 갑자기 말했다. "너는 나중에 도무지 행복한 결혼 생활을 할 수가 없지." 아빠 없는 집에서 자랐으니 남편과 매일 함께하는 생활은 답답해서 못 할 것이다, 그렇지만 남편이 집에 잘 안 들어오는 결혼 생활은 애초에 불행하니 어느 쪽이든 불행할 거라는 일종의 예언이었다. 어른이 되고 나니, 나는 불행한 아내가 아니었다. 집에 잘 들어가지 않는 남편이었다.

 H는 같이 살자고, 나아가 결혼하자고 여러 차례 말했다. 나는 어떻게든 그 제안을 회피했다. 동거에는 "여자에게는 자기만의 방이 필요해."라고 대답했지만, 당시 나는 기숙사에 룸메이트와 살았으며 그곳은 나만의 방도 아니었다. 청혼에는 더 치사하게 굴었다. "그럼 이렇게 하자. 지금부터 광화문 광장에 돗자리 깔고 동성결혼 합법화 투쟁을 시작하자. 결혼이 가능해지는 그날엔 동사무소 앞에서 노숙하다가 9시 땡 치면 곧장 혼인 신고를 하자. 게이맨들에게 선수를 빼앗기기 전에 우리가 첫 번째 합법적 동성결혼 부부가 되어야 하니까."

12월 18일 토요일

무슨 생각이었던 걸까? 위트 있게 위기를 넘기고 싶었나? 없는 말을 꾸며 낸 건 아니었다. 모두 진심이기는 했다. 그러나 실은 헌신하고 싶지 않았던 게 아닐까? 너와는 안정적인 관계를 꾸리고 싶지 않다고, 결혼하고 싶지 않다고 우회적으로 전달하려던 건 아니었을까. 어쩌면 H와 결혼할 기회를 놓친 것일지도 모른다. 하지만 어떻게 결혼한단 말인가? 우리에게 결혼은 또 무엇이고?

H가 샌프란시스코로 떠나기 전, 그의 부모와 조부모를 모두 만났다. 그들에게 나는 항상 친구로 소개되었고, 실수라도 그의 허리를 감싸지 않도록 늘 손을 주머니에 넣고 있어야 했다. 몰래 연애하는 고등학생처럼 만나는데 어떻게 결혼을 꿈꿀 수 있단 말인가?

대학원에서는 유학을 떠나기 전에 결혼하는 커플을 종종 본다. 대학원생 둘이 결혼해서 유학을 가면 남자는 교수가, 여자는 교수의 아내가 된다는 '농담'도 많이들 한다. H와 헤어지고 난 뒤에야 결혼 생각을 한참 했다. 우리가 헤테로 커플이었다면, 그가 출국하기 전에 결혼했을까? 멀리 있더라도 서로에게 충성하겠다는 약속을 했을까? 어떻게든 함께 떠났을까? 그게 아니면 결혼이나 이주에 대해 의논하다가 결국 헤어졌을까? 둘 중 하나가 돌아올 기약 없이 해외로 떠났어도 무작정 롱디를 결심하는 건, 퀴어 커플이나 하는 철없는 짓일까? 만일 내가 그와 결혼하기로 했다면 그는 어떻게든 커밍아웃을 했을까? 그러면 나는 그 애가 떠나는 공항에서 마음껏 울 수 있었을까? 그의 부모님 뒤에 서서, 배웅한다고 출국 길까지 쫓아온 유난스런 친구로 존재하는 대신에? 결별 통보를 받고는 그의 어머니에게 전화해서 H를 좀 말려 달라고 부탁할 수 있었을까?

    다 의미 없는 가정이다. 우리가 헤테로 커플이 되는 것과 시간을 되돌리는 것 중 무엇이 더 쉬운지도 모르겠다. 존재하지도 않는 정상성의 가능 세계를 끊임없이 상정하며 이리저리 생각해 볼 때만큼 내가 소수자라는 점이 뼈에 새겨지는 순간도 없다.

    예컨대 우리가 함께 미용실에 간다. 옷 가게라도 상관없다. 직원은 손님에게 으레 하듯이 우리를 보고 "친구예요?"라고 묻는다. 진짜 궁금해서 하는 질문이 아닌 걸 알면서도 어떻게 대답할지 한참 고민한다. "네."라고 하면 왠지 자존심이 상한다. "어떻게 만난 친구예요? 학교 친구?"라는 추가 질문을 받을 수도 있다. 그러면 또 거짓말을 해야 한다. 그렇다고 "아니요. 레즈비언 커플입니다." 하고 냅다 커밍아웃해 버릴 수는 없잖은가. 언제나 일상 속 레즈비언 가시화 캠페인을 벌이는 주제도 아니고.

    그러고는 또 한참 생각한다. 드라마에 많이 나오잖아. 서로 좋아하는 사이인 여자와 남자가 "커플이세요?"라는 질문에 "아니요. 저랑 얘가 무슨 커플? 아니에요. 그냥 친구예요."라고 손을 휘젓는 클리셰. 동성애 독재 세상이 온다면 찜질방의 할머니도 바텐더 아저씨도 우리를 보고 다짜고짜 "부부예요?" 하고 물어보려나.

 그러니까 이런 고민 자체가 소수자의 증표라는 거다, 결국은.

(D-80)

H와는 퀴어 퍼레이드에서 만났다. 페미당당이 행진을 이끄는 트럭에 올랐던 해였다. 이삿짐 용달 트럭에 페미당당을 상징하는 분홍색으로 무대를 세우는 것부터 우리가 직접 했다. 브라톱에 엉덩이가 다 보이는 쇼츠만 입고 트럭 위에서 출발을 기다리는데, 저 아래에서 흰 티셔츠를 입은 여자애가 팔을 흔들며 나에게 필사적으로 뭐라 뭐라 소리쳤다.

   처음에는 스태프인 줄 알았다. 그의 말이 레이디 가가의 노래에 묻히자, 그는 트럭 위를 향해 손가락 하트를 만들어 내밀었다. 아, 사진을 찍으려고. 머리 위로 하트를 그려 보였다. 그는 아니라고 손사래를 치더니 손으로 전화 받는 시늉을 해 보였다. 문제가 생겨서 주최 측에서 나한테 전화를 했는데 못 받았구나! 저 뒤편에 있던 핸드폰을 가져와 확인했지만 아무런 알림도 떠 있지 않았다. 전화가 안 왔다고 핸드폰 화면을 가리키는데 그제야 음악 소리가 줄어들며 그의 말이 들렸다. 손 하트를 만들며 "애인 있어요?" 전화 받는 시늉을 하며 "번호 줄 수

12월 19일 일요일

D-DAY
3월 9일 수요일

있어요?"

그렇게 드라마 아니 시트콤처럼 우리는 만났다. 더는 우리가 아니지. H와 나는 이날에 대해 자주 이야기했다. 내가 그를 트럭마다 번호 따고 다니는 사람인 줄 알았다고 놀리면 그는 누구 번호 물어본 경험은 평생 한 번뿐이었다고 억울해했다. 그와 나의 대화 패턴이었다.

그에 비하면 앱으로 사람을 만나는 일은 좀 시시한가? 앱을 통한 만남은 자연스럽지 않다. 하지만 자연스러운 만남이란 퀴어 사회에서는 특히 꿈만 같다. 저 사람이 퀴어인지 아닌지를 어떻게 안단 말인가? 성별만 달라 보이면 일단 들이대고 보는 이성애자의 만남과는 까다로움의 수준이 다르다.

이성애자들, 즉 나의 엄마와 아빠도 꽤 낭만적으로 만나서 연애했다. 내가 들은 바로는, 아니 내가 대강 구성한 바로는 그렇다. 그들은 예술대학 문예창작과에서 만났다.

엄마는 책을 좋아해 그곳에 입학했지만 다른 큰 뜻은 없었다.(나중에 엄마의 아버지, 즉 나의 할아버지가 교수로 일하게 된 곳이다.) 그런데도 글을 곧잘 써서(또는 교수의 딸이라서) 졸업할 즈음에는 유학을 재차 권유받았다고 한다. 아빠는 나이트클럽에서부터 목욕탕까지 곳곳에서 일하다가 작가가 되기 위해 대학에 갔다. 엄마 말로는 아빠 친구가 대리 시험을 쳐 주어서 입학할 수 있었다는데, 모를 일이다. 하여튼 엄마는 학교를 금방 졸업하고 할아버지의 운전 기사가 태워 주는 차를 타고 회사에 출퇴근했고, 아빠는 등록금이 없어서 학교를 중퇴했다.

서로 알고는 있었지만 친하지는 않았던 둘은, 어느 여름날 동해에서 우연히 만나서 가까워진다. 전화 예약조차 낯선 시절, 피서철을 맞은 동해에서는 동네 남자애들에게 민박집 호객을 시켰다. 동해에 놀러 온 엄마는 고향에서 친구들과 호객하던 아빠와 그렇게 만났다.

이런 간지러운 사연을 내가 왜 알고 있지? 엄마도 아빠도 당신들이 사귀게 된 서사를 나에게 들려주었을 리가 없는데. 처음부터 끝까지 내가 지어 낸 일화는 아닐까. 하지만 엄마한테 진실을 다시 물을 수는 없다. 분노에 가까운 회피성 반응만 돌아올 테니까.

자연스러운 만남이란 무엇인가? 앱으로 짝을 찾는 일보다 더 낭만적인가? 더 큰 사랑을 보장하는가? 앱은 없어도 맞선은 있던 시대에 엄마와 아빠는 그 누구보다 자연스럽게 만났다. 그러나 그들은 내가 삶을 기억하기 시작한 시절부터, 아니 그보다 앞서 내가 기어다니던 때부터 서로 데면데면해 보였다.

내가 태어날 때 아빠는 병원에 오지 않았다고 한다. 엄마 말에 따르면, 내 탄생을 기념하며 친구들이랑 술 처마시느라 못 왔단다. 엄마는 하룻밤 꼬박 진통 끝에 나를 낳고서 생각했다. '아기만 낳고 이혼해야지.' 결국 동생을 또 낳았지만. 어쩌다 금연을 결심한 이의 돛대 같은 존재로 태어났을까, 나는.

퀴어문화축제에 해마다 오는 혐오 세력은 매해 비슷한 문구가 쓰인 팻말을 든다.(똑같은 손 팻말을 매해 돌려 가며 쓰나? 그 팻말은 한 해 내내 어느 교회 창고에 쌓여 있나?) 그 단골 문구 중 하나는 "엄마 아빠가 사랑해서 나를 낳았어요." 나는 엄마와 아빠의 사랑으로 태어났을까? 이혼 결심과 함께 태어난 아기는 부모의 사랑으로 탄생했다고 할 수 있을까? 그들이 한때 사랑하고 또 피부를 맞댈 정도로 친밀했다는 증거는, 오직 나의 존재뿐이었다.

(D-79)

출근했는데 갑자기 R이 국민의힘에 갔다고.
 왜 이렇게 충격적일까. 우선 그는 나에게 동료였다. 친구라고 하기는 어렵지만, 회의나 집회가 아니어도 가끔씩 만나 밥도 먹고 차도 마시는 사이였다. 친한 사람이 갑자기 예상치 못한 모습을 보여서 그런가? 나에게는 새누리당 혹은 국민의힘을 지지하거나 박근혜에게 투표한 친구도 있다. 그 사실을 알면서도 친교를 이어 나가기는 어렵지 않다. 그렇다면 R이 친구라서 실망스러운 것은 아닐 수도. 그래도 정도가 있지. 원래부터 정치 성향이 보수인 친구랑 이 경우는 다르지. 아닌가? 성별정체성을 바꾸는 경우는 충격적이지 않잖아. 정치 성향은 전향하면 안 돼?
 그가 지닌 상징성 때문일까. 대부분의 사람들처럼 '페미니스트 서울시장'이라고 쓰인 선거 포스터로 그를 처음 알게 되었다. 그때도 버블 속에 자신을 가두고 있던 나는 그런 공보를 내거는 일이 엄청난 용기를 필요로 한다는 건 차마 몰랐다. 일주일도 지나지 않아 서울 곳곳에서 포스터가 훼손되었고, 인터넷에서는

12월 20일 월요일

D-DAY
3월 9일 수요일

그의 표정까지도 비난했다. 그제서야 깨달았다. R은 기꺼이 페미니스트의 상징이 되었구나. 이건 감투를 얻는 일이 아니라 스스로 희생하는 일이겠구나.

마찬가지로 업무를 멈춘 옆자리 동료에게 내가 왜 이렇게 충격을 받았는지를 얼빠진 채 구구절절 설명했는데, 그는 크게 한숨을 쉬더니 말했다. "그냥 실망스럽고 화가 난 거죠. 변절이 그런 거 아니겠어요?" 그의 모니터에는 윤석열이 살짝 고개를 숙인 R에게 빨간 목도리를 둘러 주는 사진이 떠 있었다.

돌이켜 생각하면, R은 '인사'를 챙기는 사람인데 난 거의 답을 하지 않았다. 기자 회견을, 시위를, 연대체 구성을 같이하자고 할 때마다 십중팔구는 거절했다. 그러면 다음번에는 제안하지 않기 마련인데 저번 일은 잊었다는 듯 항상 다시 연락했다. 정치인의 태도는 저런 것인가 싶어서 신기하기도 했고 나에 대한 믿음을 보여 주는 것 같아 고맙기도 했다. 그런데 아니 무슨…… 열 받아서 일이 안 됨. 명예욕보다는 진심이라서 그랬을 거고. 나만 그의 연락을 계속 무시했겠어? 다른 활동가들도 그랬겠지. 외로웠나? 그래. 여성의 욕망은 다양하겠지. R을 좀 이해하고 싶기도 하다. R이 보낸 지난 추석 인사를 '안읽씹' 한 채로 있는데 일이 이렇게 되니 당장 전화해 보고 싶다.

참, 오늘 회의에서 갑자기 내가 청년위원회 대변인이 됐다. 먼젓번 대변인이 그만두고 늘 공석이었대. 맡은 일이 크게 달라지지는 않겠지만 대변인이 꼭 필요한 이유는 다음과 같았다. "메시지를 낼 때 애매한 경우가 생기거든요. 예를 들어, 민주당 당직자가 잘못을 했는데 위원장이 비난하기에는 좀 급이 안 맞을 때 대변인 이름으로 성명을 내는 거죠."
'급'이라고? 너무 당황스러워서 회의 중에 "네?"라고 반문하며 아하하하 웃어 버렸다.

　분위기를 어색하게 만든 김에 회의 끝나고 사무국장에게 물어봤다. "근데 왜 위원장은 본인이 쓴 글을 저에게 보도 자료로 배포해 달라는 건가요? 자기가 바로 마크맨방(기자방)에 뿌리면 더 편할 텐데."

　사무국장의 답은 이렇다. "그…… 청년위원회가 이래 봬도 엄연히 독립적인 조직이라 위원장이 실무를 직접 하면 안 되거든요. 원래는 마크맨방에 뿌리는 일도 대변인은 글만 쓰고 대변인 비서가 해요. 근데 지금 대변인 겸 공보국장으로 혼자 다 하시니까."

　만약에 위원장이 직접 보도 자료를 뿌린다? 그러면 기자들이 밥 먹자고 불러서 대놓고 무시한단다. 무슨 위원장이 그런 것까지 하냐고. 내 전에 있던 대변인도 기자 만나고 오면 맨날 사무실에서 불평했대. "아휴, 내가 이런 것(보도 자료 배포)까지 직접 하고 있네."

　"기자들도 웃기네요. 최첨단 시스템으로 기사를 전달받는 것도 아니고, 카톡 그룹 채팅방에 복사-붙여넣기 하는 건데.

페이스북에 올린 글은 핸드폰으로 캡처해서 이미지로 달라고 하면서." 나는 또 한참을 웃었다. 아무도 같이 웃어 주지 않았다.

위원장은 대변인 출신이라서 특히 기자들 신경을 많이 쓴다고 한다. '기자 관리'한다고 식사도 잦고. "그럼 위원장이 기자에게 밥을 사나요?" "네. 중앙당 대변인에게는 그런 용도로 쓰는 카드도 따로 있어요."

여기 사람들도 이 모든 행위가 부조리극 같다는 걸 알겠지. 그렇지만 언론 노출 하나가 아쉬워서 최대한 저자세로 일관해야 하고. 그럼 이해가 돼. 작은 정당의 슬픔이겠지. 페미당당은 그렇게 절박하지 않아서 인터뷰도 가려서 했다. 여기는 제의가 들어오면 뭐든 다 한대. 《주간조선》, 《주간동아》에서 들어온 인터뷰까지도. 사정은 알겠지만, 일을 이중 삼중으로 하고 주말에 쉬는 노동자한테 연락하면 (출근 첫 주부터 주말에 업무를 지시했는데 지난주에도 했는지는 모름. 이미 차단해 놓았음.) 그냥 웃긴 거지.

(D-78)

난 정치라는 게 싫어. 정쟁은 더 싫고.

R 말이야. 예전에 서울시장 선거에 연대체를 구성해서 같이 나가자고 연락을 준 적이 있거든. 시장 연대체가 뭔지 궁금하기도 했고, 또 나를 알아봐 주는 사람이 있다는 게 반가워서 회의에 한 번 들어갔어.

페미니즘 운동하면서 입당 제안을 받은 적 많지 않냐는 질문을 가끔씩 받는데, 정말 한 번도 없어. 아니다. 국회의원한테 딱 한 차례 명함 받은 적 있구나. 기업인 출신 국민의힘 여성 의원에게서. 정계에 있다면 나 같은 인재를 뽑아다 쓰고 싶을 것 같거든. 그런데 나도, 다른 페미당당 친구들도, 누구도 그런 제안을 받은 적 없는 걸 보면…… 세상은 우리를 원하지 않나 봐. 그러나 그 세상은 우리를 필요로 하지.

아무튼 R이 제안한 시장 연대체는 '팀 서울'이라고 시장 한 명이랑 부시장 여럿이 함께 출마하는 방식이더라고. 물론 서울시에 부시장 자리는 없지. 상징적인 러닝메이트 같은 걸 두고 싶었나 봐. 기후

12월 21일 화요일

**D-DAY
3월 9일 수요일**

위기 부시장, 비정규직 부시장처럼 각자 활동하는 분야를 대표하는 부시장들이 있는 거지.

    질의 시간에 물어볼 건 딱 하나였거든. "그럼 시장 후보는 어떻게 뽑나요?" 좌중이 일순간 당황하더니 R이 당연하다는 듯이 말하는 거야. "아, 시장은 제가 하고요."

    그때 내가 얘기했잖아. 왜 꼭 누가 대표가 되어야 하냐. 난 어느 한 사람이 대표 내지는 얼굴이 되고 나머지 여자들이 그 뒤에서 환호하는 모습이 싫다. 그랬더니 당시 R이 대표를 맡고 있던 여성 단체 분들이 대표는 다 뒤에서 만들어 주는 거라고 했지. 자기는 누가 시켜 줘도 대표하기 싫다고, 오히려 스태프가 더 많은 권력을 쥐고 있다고. 나는 정당 활동도 출마도 안 해 봤으니까 그냥 그런가 보다 했어. 거기도 '퀸메이커'의 전통과 체계가 있나 보다 하고. 그런데 얼굴이 잘 알려진 '대표'가 변절이라도 해 버리면? 그 '뒤'에서 오랫동안 고생한 사람들의 노력은 없던 것이나 마찬가지로 취급되어 버리잖아. 어떻게 이게 좋은 정치 구조라고 할 수 있어?

    참 어젯밤에는 유도걸과 침대에 누워 있다가 사랑한다고 말할 뻔했다. 섹스가 몸과 마음을 말랑하게 또는 취약하게 만들어서 그런가? 가끔 그런 충동이 이는 것 같아. 만일 누군가에게 사랑한다고 말해 버리면 그 관계는 어떻게 되는 거지? 가장 중요한 날들을 함께하는 사이가 되는 건가? 그러다가 어느 순간 안 만나고 영영 연락을 못 하게 되고?

모르겠네. 난 얘와 좀 더 자주 만나고 전화도 하고 싶어. 동시에 다른 여자도 더 많이 만나고 싶어. 섹스도 많이 하고 싶고.

　와…… 아무도 출근하지 않은 사무실에 앉아 일기를 쓰고 있자니, 정말 유치하고 원초적인 욕망에 대해서만 생각하게 되네.

(D-76)

계속 정신이 없었다. "1980년대 민주화 운동은 외국에서 수입한 이념에 사로잡힌 것"이라는 윤석열의 막말에 항의하는 메시지를 내보내고, 밥 먹고, 이를 닦았다. 인터뷰랑 팟캐스트 준비하고.

김건희의 학력 위조 내역을 정리하는 일도 했다. 내가 대체 뭘 하고 있나? 조회수 3인 글을 당 홈페이지에 누구보다 빨리 올리는 게 무슨 의미가 있나? 논문 쓰기보다 더 무의미하지 않나? 작은 정당이라 조회수가 낮은 걸까? 사무실 일이 원래 다 이런 걸까? 퇴근하고 데이트를 하러 가는데 너무 불안해서 아예 안정제를 먹고 갔다.

오늘은 웹툰을 그리는 사람을 만나 데이트. 내 키를 말해 주자 자기가 더 큰 줄 알았단다. 나는 웬만한 여자보다 작지 않다. 171에서 172센티미터 사이를 오가지만, 발레를 열심히 할 때는 173센티미터까지 크기도 했다.

고등학생 때까지 나는 내가 엄마보다 더 크게 자랄 줄 알았다. 할머니 키가 170센티미터고 엄마는 173센티미터. 딸이 엄마보다 3센티미터 더 크는 거라고 보면 내 키가 176센티미터는 되어야 했다. 화장실에서 엄마와 나란히 이를 닮다가 이제 내 키가 더 큰 것 같다고 하면, 엄마는 어림도 없다는 표정으로 약간 굽힌 어깨를 펴고 고개를 들었다. 거울 속 나는 언제나 엄마보다 작았고 그래서 시무룩했다. 엄마 집에서 나와 살며 발레 수업을 3년 넘게 듣고 나서야 비로소 엄마와 같은 키가 되었다. 그 후로는 키를 비교해 본 적 없지만.

"부잣집 출신인가 봐요." 내 키가 유전이라며 가족 내력을 신나서 줄줄 늘어놓자 만화가는 말을 툭 던졌다. 그런 얘기는 처음 듣는다고 하니 되물었다. "왜요? 삼대가 다 키가 크려면 아무래도 부자여야죠."

맞는 말이다. 위 세대로부터 물려받았을 뿐인데, 내 존재에 특별한 인과가 있다고 느껴서 들뜨고 말았다. 상대는 약간 비아냥거리는 어조였는데도, 스스로 '부자'라고 인정하는 데에 따르는 부끄러움을 잠시 잊고 말았다. "맞아요, 그러네요."

엄마는 통식빵을 좋아한다. 고등학생 때 갓 구운 식빵을 사서 손으로 뜯어먹는 일이 얼마나 즐거웠는지를 이따금 말했다. 그래서 나는 엄마 집에 갈 때면 유명한 베이커리의 통식빵을 사 들고 간다. 엄마는 속엣것만 뜯어먹고 껍질은 남긴다. 고등학생 때 그랬던 것처럼. 우리 키울 때는 뭐 하나도 버리지 않던 사람인데.

좀 친해졌다고 생각한 어느 데이트 상대에게

12월 23일 목요일

**D-DAY
3월 9일 수요일**

이 이야기를 한 적 있다. 내가 독립하고 난 후 엄마가 얼마나 변했는지를 설명하기 위해서였다. 이야기를 다 듣고 그는 딱 한마디 했다. "남긴 식빵 껍질을 먹는 애들이 우리 엄마 같은 사람이었을 텐데." 나는 그냥 입을 다물었다.

(D-75)

R의 변절 소식을 듣고 이모가 연락했다. 친이모는 아니고 오드리 이모. 어쨌든 이모는 이모다.

항상 이모들이 좋았다. 엄마는 친자매와 친밀한 사이는 아니었고 나도 그와는 별 친분이 없었다. 그러나 대학 친구, 직장 친구, 동호회 친구, 친구의 친구, 어쩌다 알게 된 친구…… 엄마에게는 언제나 친구가 많았다. 우리 집에는 항상 이모들, 즉 엄마의 친구들이 드나들었다.

저녁 밥상에서 "이건 어디 김치예요?"라고 묻는 순간을 특히 좋아했다. "누구네 어머니가 남도 분인데 손이 커서……." 내지는 "누가 이번에 가져다준 겉절이가 서울식이라 깔끔해서……."라는 엄마의 말에 "아아, 시어머니 댁에 김치냉장고만 세 대 있다는 그 집?" 하고 대답하는 대화 패턴이 즐거웠다. 엄마가 전국 팔도의 여자들에게 김치를 얻어먹어서 좋았다.

이모들은 술과 함께 케이크나 쿠키를 들고 우리 집에 왔으며 세련된 대화를 하면서도 호탕하게 웃었다. 그들이 집에 놀러 오기로 한 날은 소풍날보다

12월 24일 금요일

더 설렜다. 엄마랑 이모들 사이에서 오징어 안주를 집어 먹으며 눈치 없이 대화에 끼어들 수 있어서, 미섭이는 참 어른스럽다는 칭찬을 들을 수 있어서 기뻤다.

이모들은 자식이 없거나 자식 얘기를 잘 안 했다. 대신 그들에겐 다른 공통된 이야깃거리가 많았다. 반면에 엄마는 내 학교 친구 엄마들과는 그다지 친하게 지내지 않았고, 반 모임에도 좀처럼 나가지 않았다. 반 배정이나 외고, 새로 생긴 학원에 대해 말할 사람이 없다는 점을 내심 자랑스러워했던 듯하다. 그런 주제에는 초연한 당신 자신을. 아니다, 그렇게까지 대단하고 복잡한 속마음은 아니었을지도. 이미 친구가 많아서 새로운 사람을 사귈 필요가 없었는지도 모른다.

오드리 이모는 내가 특히 자랑스러워하는 이모다. 친구들이 좋아하는 드라마를 많이 쓴 작가고, 엄마뿐 아니라 나와 동생까지 각별히 여기며 챙겨 주었다. 이모가 집에 다녀가는 날이면 냉장고가 생전 처음 보는 식재료며 냉동식품으로 가득 차 있었다. 나의 진로에는 관여하지 않는 것을 미덕이자 자랑으로 여긴 엄마와는 달리, 이모는 내가 교수가 될 것이라고(매번 뜨뜻미지근하게 그 계획을 거부했음에도) 믿어 주기도 했다.

지난 대선 때 엄마와 찍은 S 후보 지지 영상을 보고 나서 오드리 이모는 바로 전화했다. "원래 여자애들은 서로 연애하는 연습도 하고 그래. 공부 잘하는 애들은 대학교에서도 레즈비언이다 뭐다 하다가 결국 다들 결혼하더라." 네가 무슨 성소수자냐고, 그거 착각이라며 앞으로는 어디 가서 그런 얘기 하지 말라기에 알겠다고 했다. 기분이 상하지는 않았는데, 아직 확실하게 정체화가 되지 않았을 때라 그랬을까? 이모의 말처럼 착각일 수도 있다고 스스로도 생각했던 것 같다. 여자를 좋아하긴 하지만 '아직 연애를 하는 것도 아닌데.'라는 자기기만에서 오는 망설임.

    엄마도 못 본 H를 이모는 만나 보았다. 어느 날 "미섭아, 작품에 레즈비언 캐릭터가 등장할 수도 있는데 주변에 레즈비언 친구 있니? 인터뷰하고 조언을 좀 받고 싶네."라기에, 고민 없이 H와 함께 이모의 작업실로 찾아갔다. H와 사귄 지 1년이 넘은 때였다. 그 사이 변화라곤 H가 내 애인이 된 것뿐인데 이번에는 정체성에 확신이 있었다.

    미섭이가 여자친구를 데려왔다고? 이모는 기절초풍했다. "이모는 제 인스타그램 친구잖아요? 커플 사진이랑 다 올라가 있어서 아시는 줄 알았어요." "나야 봐도 모르지. 생각도 못했다."

    H는 물었다. "과거에 네 정체성을 그렇게 부정하셨는데, 나랑 가서 마주하는 건 괜찮았어?" 정말 이미 눈치챈 줄 알았다. 그러니 한번 보라는 식으로 여자친구를 데려간 심산은 아니었다. 이모가 인스타그램 사진만으로 퀴어니스를 인지할 수 있으리라는 기대는 비껴갔지만, 언젠가는 내게 한 말을

후회할 거라는 예상은 다행히 맞아 떨어졌다. 시간이 더 지나 이모는 정식으로 사과했다. "그때 이모가 멍청한 소리를 했네. 미안하다."

이모는 일은 안 힘드냐고 물어보더니, 이내 당신이 얼마나 R을 믿었는지 그 배신감에 대해 이야기했다. 듣다 보니 딱히 R에 대한 비난은 아니었다. "미섭아, 대단하고 숭고해 보이는 사람들도 가까이서 보니까 별것 없지? 누구한테든 크게 기대할 필요는 없어." 핸드폰 화면을 두 번 스크롤할 정도로 긴 메시지를 보낸 이모는 한탄 혹은 조언을 이렇게 마무리했다. "이모가 겨울 코트 사 줄게. 와서 카드 받아 가. 백화점에 가서 네가 골라."

(D-73)

마침내 내가 레즈비언이라는 사실을 받아들이고 오드리 이모가 당황해서 한 말이 웃겼다. "난 내 주변에 레즈비언이 있다면 너네 엄마일 거라고 생각했어." 대답했다. "저도 그랬어요."

엄마가 레즈비언이라면 좋겠다. 아빠를 만나 결혼했지만 중년에 정체화를 하는 경우도 꽤 있으니까. 엄마는 왜 레즈비언이 아닐까? 더 행복해질 수 있을 텐데. 퀴어성은 가족력일 수 없나? 실제로 부모에게 커밍아웃을 했다가 역으로 부모의 커밍아웃을 듣고 놀라는 퀴어가 적지 않다. "실은 나도 한때 동성을 좋아했는데, 이성과 결혼해서 잘 살지 않느냐."라며 "너도 지나갈 거다."라는 이상한 훈계로 마무리될 가능성이 높지만……

마침 물어본 적이 있다. "엄마는 내가 레즈비언이면 어떨 것 같아요?" 훗날 할 커밍아웃의 반응을 미리 떠보려는 의도는 아니었고, 레즈비언으로서 커밍아웃을 위해 용기를 낸 것도 아니었다. 나조차도 스스로를 헤테로라고 여기던 시기라 "내가 벌레로 변한다면 어떻게 할 거예요?"

| 12월 26일 일요일

D-DAY
3월 9일 수요일

정도의 질문이었다. 엄마는 벌컥 화를 냈다. 그는 원래 '만일'을 가정하는 질문을 좋아하지 않지만, 짜증을 넘어 화까지 내리라고는 예상하지 못했다.

"당연히 싫지."

"왜 싫어요?"

"삶이 힘드니까. 자식이 힘들게 살기를 원하는 부모가 어디 있니?"

지금의 나라면 "엄마가 그런 식으로 말을 안 하면 레즈비언의 삶이 힘들어질 일도 없다."라고 받아쳤을 혐오 발언이었다. 그래도 그때는 납득했다. 하여튼 그가 나를 사랑한다는 뜻이므로. 레즈비언으로 살기 어려운 것도 맞으므로. 그 당시 나는 레즈비언이 아니었으므로. 엄마가 어떻게 대답하든 상관없었다. 오로지 화를 냈다는 엄마의 반응만 기억에 오랫동안 남았다. 이 일이 훗날 내가 엄마에게 '자연스럽게' 커밍아웃하는 걸 막지도 못했고.

20대 중반에는 "전 어쩔 수 없는 헤테로인가 봐요."라고 말하곤 했다. 아무리 기다리고 기다려도 여자를 좋아하는 일은 생기지 않았으니까. 이렇게 생각하기도 했다. 내가 만일 호모포빅한 환경에 속해 있다면 여자를 만나지 않는 것이 이해가 된다. 디나이얼일 수도 있고, 아예 퀴어라는 개념을 접하지 못했을 수도 있으니까. 그러나 이미 나에게는 퀴어 친구들이 여럿 있었고, 그들은 나도 분명 무지개 일원일 거라고 몇 번이나 단언했다. 이런 퀴어 친화적인 환경 속에서도 여자를 안 좋아한다면, 그 누구보다도 헤테로인 것 아냐?

남자와 뽀뽀한 적은 없으면서 굉장히 오랫동안 스스로 헤테로라고 믿었다. 사랑에 빠진 적이 없으니까. 정말로 좋아하던 여자가 한 명도 없었냐고, 유년기의 퀴어로서의 경험은 없냐고 묻는다면 내놓을 일화는 있다.

초등학생 때 다니던 발레 학원 건물에는 대형 서점이 있었다. 크리스마스가 다가오던 때라 서점 입구에서 산타나 지팡이 모양의 초콜릿을 팔았다. 키가 크고 호리호리해서 정말 발레리나 같던 그 애는 초콜릿을 공짜로 먹을 수 있는 방법을 알려 주겠다고 했다. 패딩 소매를 손을 가릴 정도로 쑥 빼서 초콜릿이 든 단지를 뒤적이다가 "아, 먹고 싶은 게 없네!" 하고 빼면 된다고.

그 애는 뒤쪽 서가로 나를 데려가 주먹을 펼쳤다. 손바닥 위에는 금화 모양의 초콜릿 두 개가 놓여 있었다. 금박지를 벗겨 반을 깨물었는데 그 애가 말했다. "우리 키스 연습할까?" 초콜릿을, 게다가 훔쳐 준 초콜릿을 얻어먹었는데 거절할 수 없었다. 키스는 기억나지 않는다. 아마 초콜릿 맛이 났겠지. 그날의 키스가 그 애 마음에 들지 않았는지 우리는 두 번 다시 이 일을 언급하지 않았다.

(D-71)

첫 월급을 받았다. 어쨌든 4대 보험이 되는 '진짜 직장'에 다니는 것은 처음이다. 엄마는 예전부터 첫 월급으로 부모에게 빨간 내복을 선물해야 한다고 했지만 이를 어떻게든 무시하며, 오드리 이모가 준 카드로 베이지색 캐시미어 코트를 샀다. 커다랗고 빳빳한 쇼핑백을 들고 백화점에서 나오니 낯설었다. 백화점에서 무언가를 사 본 경험이 잘 없기도 하거니와, 새 코트를 내가 직접 골라 사 입은 적이 있었나. 스물 넘어서는 처음인 것 같다. 10여 년 동안 주로 할머니의 옷장에서 꺼내 입었으니.

우리는 '부모보다 가난한 세대'라고 엄마에게 자주 이야기했다. 그래선지 우리 집은 자식들이 용돈을 드리기는커녕 엄마가 늘 가족 모임 비용을 댄다. 부끄럽지는 않다. 엄마는 자기 엄마, 즉 나의 할머니로부터 아파트를 물려받지 않았던가?

양장점을 운영했던 할머니는 맏딸인 엄마와 백화점에 즐겨 다녔지만 엄마는 쇼핑에 큰 관심이 없었다. "네 할머니는 맘에 드는 옷은 색깔별로 사다가 내 옷장에 넣어 놓았어." "회사 다닐 때는 정장 세트도 꽤 많이 가지고 있었지. 앙드레 김 걸로." 그런 얘기를 들으면 나는 아쉬운 마음에 소리쳤다. "그 옷들 지금 다 어디 갔어요?" "야, 결혼하고 여기저기 이사 다니느라 다 내다 버렸지. 어디다 쌓아 놓니?"

어린 시절 엄마는 우리 집이 가난하다고 했다. 그럴 만했다. 내 방에는 침대가 없었고 종이 장판은 의자 다리에 걸려서 여기저기 찢겨졌으니까. IMF 때도 "우리 집은 서민 축에도 못 껴서 아무 타격 없었다."라고 했다.

그래서 우리 집은 가난하다고 믿었다. 그러나 종종 이상했다. 무용수들의 부풀었다 꺼지는 가슴까지 보이는 자리에서 발레 공연을 볼 때, 주말마다 장지문이 닫히는 방에 들어가 회를 먹을 때, 노스페이스 패딩이 없었을뿐더러 차마 바라지도 못한 나의 옷장에 할머니 때부터 내려온 캐시미어 스웨터가 있을 때. 돈은 없지만 다른 무언가는 있는 이 상황을 어떻게 받아들여야 할지 학교에서는 가르쳐 주지 않았다.

부끄러움을 알게 될 나이가 되어 어느 러시아 소설을 접했다. 당장 입에 넣을 게 없어서 물려받은 보석을 헐값에 팔아 치우는 여자들 이야기를 읽고 엄마에게 말했다. "우리는 몰락 귀족 계급인가 봐요." 쌀을 씻고 있었나? 엄마는 담담하게 어쩌면 가소롭다는 듯이 말했다. "너는 부자였던 적 없잖아."

12월 28일 화요일

(D-70)

위원장이 주말에도 계속 업무 메시지를 보내는 탓에 잔잔하게 스트레스를 받고 있다. 못 본 척해도 계속 연락한다. 아니, 난 주말에는 일을 하고 싶지 않다니까.

너무 급한 일이라면 할 수도 있지. 절체절명의 위기가 닥쳤는데 진짜 나밖에 할 수 없다면, 그럴 수 있지. 근데 이 '주말 업무'가 어떻게 진행되느냐. 주말에도 일을 하고 싶은 위원장이 뭘 써. 나한테 개인 톡으로 그 내용을 보내. 나는 그걸 단지 복사-붙여넣기 해서 언론 담당 직원들과 ○○당 담당 기자들이 다 초대되어 있는 카카오톡 단체방에 대신 보내야 해. 일을 두 번 하겠다는 거잖아. 이래야 하는 이유는 '지도부는 실무를 안 한다'는 원칙 때문이래.

나는 주말 근무를 하기 싫고, 할 수 없다. 언제나 이렇게 빡빡하게 살아온 것은 아니다. 스무 살부터 스스로 삶을 책임져 온 나다. 초과 근무 수당 없이 야근도 해 봤다.(5인 미만 사업장에도 근로기준법 적용하라!) 맨날 생각하지만 페미당당 일이면 또 그럴 수 있어. 새벽 3시에 갑자기 회의를 하자고 해도 할 거야. 역설적이지만 그건 돈을 안 받는 일이니까. 그리고 내 일이니까! 이곳에서 나는 노동자란 말이야. 1. 진보 정당에서 2. 임금노동을 하는 이상 난 노동법으로 보호받고 싶어.

혹시 나를 활동가라고 생각해서 시도 때도 없이 할 일을 주는 거야? 관습적으로 '활동가'는 선배가 하라면 하고, 시키는 일에 토 달지 않는 일꾼을 뜻하는지도 모르지. 그러나 근본 없는 페미니스트 활동가인 나는 다르다. 누가 시켜서 뭘 한 적은 없다. 선거 캠프에서 남이 주는 일을 한다는 건, 내가 활동가가 아니라 일을 하고 돈을 받는 노동자에 불과하다는 뜻이다. 노동자의 권리 보호에 앞선다는 ○○당에서 일하며 반대로 나의 노동권을 포기하고 싶지는 않단 말이야. 칼국수 집 알바 할 때는 그냥 좋게 좋게 넘어가는 일도 여기서는 절대 하기 싫다.

결국 천재적인 안을 냈거든. 위원장은 내가 어떻게든 주말 근무를 하길 바라는 게 아니잖아. 단지 기자들에게 얕보이기 싫어서 내 이름으로 보도 자료를 뿌리려는 거잖아. 위원장에게는 내가 아니라 내 이름이 필요한 거지. 그럼 내 이름을 빌려주면 되겠네.

"위원장님 핸드폰 안드로이드죠? 최신 폰이에요?"라고 묻고는 바로 사비로 알뜰폰 유심을 주문했다. 배송 온 유심을 위원장 자리로 가져가서 말했다.

"제가 핸드폰 번호를 하나 개통했어요. 인터넷도

12월 29일 수요일

D-DAY
3월 9일 수요일

되는 요금제로요. 이걸로 카카오톡 아이디를 추가로 만들었거든요. 제 이름으로요. 일종의 심미섭 부계정인 셈이죠. 위원장님 핸드폰이 듀얼 유심이 되니까요. 이 유심을 꽂아 놓으면 원할 때마다 제 이름으로 카카오톡 메시지를 마크맨방에 보낼 수 있어요. 그게 위원장님도 더 편하겠죠?"

(D-69)

주말 근무를 대체하기 위한 나의 천재적인 제안 '내 유심으로 위원장이 올리고 싶을 때마다 보도 자료를 올린다.'는 받아들여지지 않았다. 위원장이 직접 거절한 것도 아니라 그와 친한 직원 M이 와서 알려 주었다.

늘 책상 위에 두고 있던 계약서를 꺼내 들었다. 봐, 근무 요일은 월요일부터 금요일까지라고 쓰여 있잖아. 필요할 땐 주말에도 노동을 요구할 수 있다고 처음부터 계약서에 명시해 놓든지. 옆에서 M이 하는 말은 도움이 안 됐다. 본인은 계약할 때 "아시겠지만 대선 때까지 노동권은 없어요. 미안해요."라는 말을 들었단다.

M에 따르면 아무도 알아주지 않는 당의 기강 내지는 체계를 잡기 위해 위원장이 노력하는 것이란다. 중앙당에 어떡하냐고 물어보니 "그렇다고 보도 자료를 당 대표가 올리지는 않잖아요."라는 답이 왔다고. 지도부는 실무를 안 한다는 원칙이 있으니. 아니, 우리만의 비밀로 하고 위원장이 내 이름으로 올리라고. 괜히 나한테 연락을 하느라 위원장 그

| **12월 30일 목요일**

D-DAY
3월 9일 수요일

자신도 일을 두세 배 하고 있는 꼴이잖아.

M은 계속해서 설득 아닌 설득을 하려 했는데, 20여 년 전 지금 당의 전신격이던 정당 시절에는 '우리는 노동자가 아니라 활동가'라는 인식이 지배적이었단다. 나는 페미당당에서는 무급 활동가로 하루 20시간이든 30시간이든 일할 수 있거든. 근데 여기선 취직을 한 건데……. M이 말을 이어 갔다. "우리는 시민 단체 활동가보다는 낫잖아요. 그들은 돈도 200만 원 안 되게 받는데."

무슨 말이지? 나도 그만큼 받는데? 딱 최저 임금만큼 받고 있던, 그래서 시간 외 근무는 절대로 하지 않겠다고 다짐했던 나는 당황을 감추지 못했다. 계약서를 다시 펼쳤다. 그 어떤 단체라도 이보다 덜 준다면 노동법의 철퇴를 피하지 못할, 딱 그만큼만 받고 있었다. "제가 그만큼 받는데요? 처음에는 200만 원 넘게 준다고 해서 세후냐고 물어봤더니 그럴 거라고 했어요. 근데 받아 보니까 세후로 200만 원 안 되는 최저 임금 맞던데요?"

M은 나보다 더 당황해했다. 계약서를 보여 줄 수 있냐고 하더니 심각해졌다. 난 ○○당은 정액제인 줄 알았어. 모두에게 최저 임금을 주는 줄 알았는데? 돈 벌려고 들어온 것도 아니고 연봉 협상을 할 계획도 없었지만……. 이게 바로 여자들이 돈을 더 달라고 요구하지 못 하는 분위기가 임금 차별의 이유가 되는 경우인가? 왜 여자가 여자를, 내가 나를 탓해야 해? 그냥

알아서 '동일노동 동일임금' 해 달라고. 참, 작년인가 월급 명세서를 노동자에게 무조건 지급하는 일이 법제화되었는데, 아직 못 받았네. 뭐 이렇게 여러모로 엉망이지?(M은 내가 믿을 수 있는 사람 맞나?)

　　주말 근무 건은 어떻게 결론이 났나. 심미섭이 너무너무 하기 싫고 할 수 없다니까 결국 다른 직원 둘이(본래 ○○당 활동당원이라 '애당심'과 '활동가적 마음가짐'이 있는) 돌아가면서 맡기로 했다. 이게 맞아? 나만 아니면 된다는 생각은 아니었어. 누구든 부당한 노동을 하지 않기를 바라며 한, 나름의 투쟁이었다고. 원칙대로는 안 되는 걸까? 세상은?

　　마침 오후에 텔레그램 중앙당 당직자방에 백신 휴가 임의 축소, 연차 사용 중 업무 지시를 비판하는 실명 고발 글이 올라왔다. "ㅋㅋ"으로 시작해 조롱하는 답글이 달렸다가 곧 지워졌다. 문제 제기자는 "말로만 노동을 외치지 말고 제대로 된 노동관을 확립하기 바랍니다."라고 다시 썼다. 가만히 있으려다가 "연대의 마음 보탭니다."라고 댓글 달았다.

　　아무튼 지금 내가 정당한 임금을 못 받고 있는 거라고. 그럼 또 투쟁해야지. 주말 근무 반대 투쟁이 끝나니 다시 시작되는 '동일노동 동일임금' 투쟁.

(D-68)

 한 해의 마지막 날인데 조금이라도 일찍 퇴근하고 싶다는 기대가 동료들 사이에 있었던 것 같다. 하지만 아무도 조기 퇴근에 대해 말을 꺼내지 못했고, 모두가 6시까지 책상 앞에 앉아 있었다.

 직장인이 된 페미당당의 몇몇 친구들은 업무 시간에 소소한 디자인 작업을 하거나 회의 자료를 회사 프린터로 뽑아 오곤 했다. "이거 회사에서 한 거야."라고 넌지시 그렇지만 분명히 신나는 목소리로 말하며. 피고용인으로서의 작은 반항이나 저항이었다. 나도 ○○당에 화가 날 때면, 그보다는 일하다가 당황스러운 상황을 맞닥뜨리면 논문을 인쇄한다. 어려운 일은 아니다. 사무실에 아무도 없을 때가 태반이니까.

 공짜 인쇄, 철학과 대학원에서는 못 하는 일이었다. 입학할 때만 해도 과 사무실에 A4 용지와 토너를 쌓아 놓고 마음껏 사용하게 했다. 어느 날, 잉크를 한 학기에 한 통만 제공할 테니 가급적 프린트를 하지 말라는 공지가 붙었다. 대학원생들이 인쇄를 너무 많이 해 교수 회의 끝에 결정된 사안이랬다.

 옆 연구실에서 프랑스 문학을 공부하는 박사생 수환이 물었다. "철학과에 문방사우의 난이 일어났다면서?" 문방사우를 빼앗긴 건 맞는데 '난'은 일어나지 않았다고 답했다. 대학원생은 감히 교수에게 반항할 수 없으니까.

모두가 패드나 태블릿을 가지고 다니던 시기는 아니었다. 게다가 그때는 발표자가 직접 발제 자료를 프린트해 나눠 주는 암묵적인 원칙이 있었는데, 논문 하나 인쇄하지 못한다면 학교에서 대학원생에게 대체 무엇을 제공해 줄 수 있단 말인가?

아무튼 내가 여기에서 무얼 하고 있나 싶을 때는 논문을 인쇄한다. 그럼 버틸 수 있다. 출퇴근길에는 그걸 읽는다. 오늘은 어깨조차 펼 수 없는 9호선 열차 안에서 A4 용지에 4분의 1 크기로 접어 인쇄한 논문을 읽었다. 왜 이렇게 인쇄에 자꾸 집착할까? 연구를 미루고 있다는 대학원생으로서의 죄책감을 덜기 위한, 혹은 선거 캠프 일에 최선을 다하지 않기 위한 노력은 아닐까?

2016년 낙태죄 폐지나 박근혜 정부 퇴진 등을 위해 한창 열심히 페미당당 활동을 하던 시절에도 최선을 다하지 않기 위해 최선을 다했지만, 동시에 새벽 2시까지 이어지는 텔레그램 회의를 하고도 지치지 않았다. 나뿐 아니라 페미당당 친구들 대다수가 그랬다. 활동가로서 스스로를 갈아 넣던 우리가 하나둘 지쳐 쓰러질 즈음에는 "100 중에

| 12월 31일 금요일

D-DAY
3월 9일 수요일

80만 일하자."라고 서로 약속했다. 잘 지켜지지는 않았다.
　페미당당에서 나는 임금을 받지 않았기에 더 열심히 일했다. 이 역설을 정당화할 수 있을까? 페미당당에서는 '활동가'고 선거 캠프에서는 '노동자'이기 때문만은 아니다. 여기에서 주인의식을 가질 수 없다는 사실은 내가 칼퇴에 집착하는 이유를 정확히 설명하지 못한다. 그보다는 시급을 받고 일하기 때문은 아닐까?
　시급 노동을 해 본 자와 그렇지 않은 자의 시간은 다르게 흐른다. 시간당 최저 임금을 받고 오래 일할수록 그 격차는 더욱 커진다. 당근마켓으로 물건을 살 때는 교통비는 물론 이동 시간까지 고려해 물건 값을 계산한다. 지도 앱에 나온 이동 시간을 최저 임금을 기준으로 환산해 결정을 내린다. 내 시간, 어쩌면 내 가치를 그해의 최저 임금에 맞춰 가늠하는 버릇은 스무 살 이후로 좀처럼 버리지 못했다.
　페미당당은 나에게 한 푼도 주지 않았다. 줄 필요도 없었다. 그것은 내가 만든 '나의 일'이다. 그렇기에 페미당당 일을 하며 처음으로 내 가치를 시간으로 감각하지 않게 되었다. 노동 아닌 노동을 한 덕에 다른 감각으로 일하는 법을 배웠지만, 그렇다고 활동가로서의 경험을 누군가에게 권할 수는 없다. 돈이 아닌 다른 기준으로 스스로의 가치를 정해도 괜찮다는 교훈을 얻기 위해 '활동'을 한다고? 그러기에는 너무 고되다.
　○○당은 나에게 시급, 게다가 법정 최저 시급을 주고 있다.

그렇다면 1분이라도 더 일하면 그것은 무급 노동이고 '불법'이 아닌가. ○○당이 노동법을 어기게 할 수는 없지. 오늘도 애사심으로 칼퇴를 지켰다.

(D-67)

엄마 집에 와서 연필로 일기를 쓰니까 떠오른다. 어린 시절 우리 집에는 연필깎이가 없었다. 엄마는 끝까지 칼로 깎아 줬는데, 나도 다른 애들처럼 매끈하게 깎인 연필이 가지고 싶었다. 그때는 우리가 가난해서 그런 줄 알았는데, 다른 이유가 있었나? 여하튼 엄마 집에 와서 새해를 맞고 있다.

　엄마는 다른 사람들이 바보라서 퇴근한 뒤에도 업무 지시에 응하는 건 아니잖냐고 했다. 맞아. 차단하고 무시하는 건 오히려 마음이 편치 않지. 나도 주말 동안 차단이라는 극단적인 방법을 쓰면서 마음이 탁 놓일 만큼 천하태평은 못 된다. 그런데 안 그러는 게 더 편할 수도 있다는 생각은 못했네. 나는 이 일종의 노동권 투쟁에서 이긴 걸까, 진 걸까.

　엄마는 시인은 참 좋은 직업이라 말했다. 시집 한 권만 내고 오래 쉬어도 그는 시인이니까. 요즘 말로 가성비가 좋다는 뜻이겠지. 선생님이나 소방관은 하다가 그만두면 전직 선생님, 전직 소방관인데, 오랫동안 시를 안 써도 시인은 여전히 시인이다.

　활동가도 비슷한 직업인 것 같다. 직업이 아닌가? 돈을 벌고자 하는 일을 '직업'이라 한다면 나에게 활동가는 직업이라기보다는 정체성의 일부에 가깝다. 그런데 시인도 돈 벌려고 시를 쓰지는 않잖아.

한국에서 '활동가'라고 하면 흔히 떠올리는 상이 있지. "좋은 일 하시네요."라며 '불우한 이웃'을 돕는 도덕군자라고 여기는 쪽은 그나마 긍정적이려나. 그럼에도 자신과는 거리가 멀다고 선을 그어 버리는 인식 같다. 한편 '운동권'으로 대표되는 활동가 상이란…… 대학에서 언제든 개인을 조직으로 포섭해 갈 기회만 호시탐탐 노리는, 즉 친해지면 안 되는 사람들. 주머니가 많이 달린 조끼를 입고 '과격 시위'를 하거나 교통 체증을 일으키고 건물을 때려 부수는 폭도들.

나는 자조적인 의미로도 그 어느 쪽에도 속하지 않았다. 활동가는 '조직'을 해내야 하지 않나. 세미나 하나를 열더라도 참석자들과 뒤풀이를 하며 친해지고, '동지'가 되어야 한다. 페미당당은 일찌감치 조직을 포기했다. 쉽게 말해 새로운 멤버를 받지 않는다는 의미다. 철학이 있어서는 아니고, 친구 사귀기에 계속해서 실패했기 때문이다. 우리는 활발하게 활동하지 못할지언정 소소한 친목 모임으로라도 남기로 했다.

미국 매체를 보면 사람들은 꽤 쉽게 활동가를 자처했다. 사회적인 목소리를 내기로 유명한 배우들의 프로필에는 "배우, 부인, 두 아이의 엄마

2022년
1월 1일 토요일

D-DAY
3월 9일 수요일

그리고 활동가" 따위가 소개로 적혀 있다. 어떤 단체에 속해 있거나 깃발을 흔들지 않아도 스스로를 활동가라고 칭한다. 세상을 바꾸기 위해 활동한다면 모두 활동가가 될 수 있는 건가? 그렇다면, 활동가가 시인처럼 평생 직업이라면, 나도 그 정체성을 프로필에 적어 놓고 싶었다. 2016년부터 두세 해 동안 열심히 활동하고 긴 휴식기를 가졌지만, 여전히 스스로를 활동가라고 소개한다.

「우산 금지」는 중고 상점의 운영자가 되어 손님들이 가져온 물건에 값을 매기는 게임이다. 간혹 서명자를 알 수 없는 것부터 예술가, 기업인, 범죄자의 것까지 사인이 된 물건이 들어온다. 누가 서명했냐에 따라 물건의 가치가 오르내리는데, 활동가 사인이 발견되면 가격은 10퍼센트 깎인다. 이런 멘트와 함께. "정치인 서명보다는 낫다."(정치인 서명이 있으면 물건 값이 20퍼센트 떨어진다.)「우산 금지」 세계관에서 활동가는 정치인보다는 낫지만 특별히 더 인기 있거나 존중받는 직업은 아닌 것이다.

현실에서도 별다르지 않다. 광고 회사에 다니는 소영이 동료들에게 내 친구가 ○○당의 대선 캠프에서 일한다고 말했는데 다들 푸하하 웃음을 터트렸다고 한다. 재미있는 농담이라는 듯. 페미당당 활동가로서 소영은 아마 약간의 자부심을 가지고 얘기를 꺼냈으리라. 반응을 전해 듣고 나는 소영과 함께 고개를 갸웃거렸다.

정말로 활동가는, 혹은 진보 정당에서 일한다는 점은 웃음거리인가? 페미니스트 활동가로 스스로를 드러내고 살 때의 장점은 이런 나를 이해해 줄 사람만이 주변에 남는다는 것이다. 그리고 아주 작고 소중한 버블 속에서 살게 된다. 동성애도 이성애만큼 당연한, 더 나아가 "동성애도 이성애만큼 당연하다."라는 말에 "왜 동성애만 언급하냐. 무성애는? 양성애는? 범성애는?" 하는 반발이 튀어나올 버블 속에서.

    그간 버블에서 벗어나는 방법은 데이트밖에 없었다. 회사에 다니는 것도 아닌데 나와 다른 환경에 속한 사람을 만날 일이 뭐가 있겠는가. 앱을 통해 얼굴만 겨우 아는 사람을 만나 자기소개를 하면 이런 반응이 자주 돌아왔다. "앞으로 정치하시려는 거예요?" 그럼 그냥 농담으로 넘기고는 했다. "저 여성 편력 하느라 정치 못 해요."

(D-65)

새해 복 많이 받으라고 인사하면서 출근했다.

K는 12월 31일 밤 11시쯤, 아니 11시 40분쯤 업무 연락을 받았대. 필요한 사진이 있으니 찾아 달라고. 일단은 미디어 노동자방('노예굴'이라는 자조적인 이름이 붙은)에 요청했는데 자기 자신을 숨긴 익명의 동료 노예가 보내 주셨대. 11시 55분에 그걸 전달하면서 '이렇게 새해 카운트다운을 하게 되다니.'라고 허탈해했다고.

어쩐지 텔레그램 업무방에 1월 1일이 되자마자 K가 "새해 복 많이 받으세요^^"라고 신년 문자를 보내 놨더라. 업무 시간 외에 사적인 대화를 나누는 분위기도 아닌데 이런 식으로라도 불만을 표출한 거구나. 물론 나는 그 문자를 오늘 아침에서야 봤다. 연휴 동안 텔레그램을 지워 놓았으므로.

사기업을 전혀 다녀 보지 않아서 이런 일이 소위 '사회' 더 엄밀히는 '한국 사회'에서 흔한지 모르겠다. 대선까지만 버티다가 나가면 되는 입장이니 그냥 두지만, 계속 일할 의지가 있다면 이러면 안 된다고 건의했을까? 아닌가? 말해도 바뀌지 않으려나? 그래서 사람들이 계속 관두는 걸까? 책임도 애정도 그리고 개선 가능성도 없어서? 근데 그래. 엄마 말처럼 야밤에도 헌신하는 직원들이 있기에 정당이 어떻게든 굴러가는 거겠지. 덕분에 나 같은 노동자도 여기서 일하며 불평불만을 늘어놓을 수 있고.

K와 같이 화내다가 계약서를 다시 읽었다. 왜 여기엔 퇴사할 거면 한 달 전에 말하라고 쓰여 있지? 노동자는 아무 때나 퇴사할 수 있는 거 아니었나? 그게 우리의 법적 권리 아니었냐고. 이따가 검색해 봐야겠다. ○○당에서 노동자의 권리를 개무시하고 있는지 아닌지.

"인터뷰 준비할 때 이 양식대로 해 주세요."라는 말과 함께 문서 파일을 받았다. 글씨체며 뭐며 창당 때부터 영원히 내려오고 있음이 분명했다. 좀 더 살펴보니 인터뷰 종류, 날짜, 사전 질문에 대한 답변 등을 형식에 맞게 기입하게 되어 있다. 이걸 이제야 전달해 주다니. 근무를 한 달 넘게 했는데.

파일을 전해 준 동료가 물었다. "말씀자료 받으셨어요?" 황당해서 제목을 확인하니 '말씀자료 양식'이다. 말 씀 자 료 ! "원래…… 원래 이런 언론 대응 준비 자료를 '말씀자료'라고 하나요?" 동료는 침착하게 "네."라고 한다. 같이 비웃자는 어투를 못 읽은 건지, 프로답게 무시하는 건지 모르겠다. 내 관점을 담아 쓴 글을 타인이 자기가 쓴 것인 양 '말씀'하실 자료를 올려야 한다고? 난 그렇게는 못

1월 3일 월요일

D-DAY
3월 9일 수요일

한다. 문서에서 찾기-바꾸기로 '말씀자료'라는 표현을 모두 '말하기 자료'로 바꿔 놓았다.

(D-64)

지도 교수에게 전화가 왔다. 덜덜 떨면서 받았다. 논문이 어떻게 되어 가는지 물어보던 그는 크게 화를 냈다. 깜짝 놀라서 오히려 긴장이 풀렸다.

대학원생은 무엇이든 공부 밖의 일을 할 때면 죄책감을 느낀다. 취직도 마찬가지다. 나는 어쨌든 대학원생이다. 졸업 논문을 몇 학기나 미뤘다. 그 죄의식에 지레 겁먹었지만, 지도 교수가 분노할 것이라고는 예상치 못했다.

몇 차례나 ○○당 선거 캠프에 취직했다고 설명해도 지도 교수는 우선순위가 뭔지도 모르고 자원봉사나 한다며 소리 질렀다. 임시직이지만 취업했다고 몇 번이나 말했는데, 학교 밖의 삶에 대해서 이토록 무례할 수가 있나? 산스크리트어도 고대 티베트어도 줄줄 읽으면서 고문헌 너머의 세상에는 이렇게까지 무지할 수 있냐고. 이 통화로 나와 지도 교수 중에 누가 더 서로에게 실망했을까? 알 수 없고 알아도 의미 없다. 잘못했다고, 논문을 얼른 쓰겠다고 싹싹 빌어야 했으므로.

1월 4일 화요일

**D-DAY
3월 9일 수요일**

내가 인도에서 4세기에 발전한 유식학파에 대한 논문을 쓴다고 해도 그게 뭐 그리 중요할까. 어차피 학위 논문은 저자와 심사 교수, 지도 교수, 이렇게 딱 세 명만 읽는데. 분위기 같아서는 지도 교수조차 열의를 가지고 읽어 주지 않을 것 같다.

나도 지도 교수와 마찬가지로 스스로를 한심히 여기고 있었나? 여자친구에게 차였다고 겨울 동안 논문을 쓰지 못할 이유는 없었다. 샌프란시스코로 출국하는 대신 대선 캠프에 들어가겠다는 결심이 도피가 아닐 수 있을까. 새로운 연애를 시작하며 평범하게 이별을 극복할 수는 없었나. 굳이 S 후보를 내 환승 대상으로 삼아야 했나?

결과적으로 환승에 성공한 것 같지도 않다. 여기는 S 말고도 위해야 하는 사람이 너무 많다. 페미당당에서는 페미당당을, 그리고 우리를 믿고 연대해 주는 친구들을 위해서 일했다. 그러나 이곳에서는 대통령 선거 후보를 위해, 당 소속 국회의원을 위해, 청년위원회를 위해, 특히 위원장을 위해 일해야 한다. '청년'이라는 이유로 기존 선거 캠프와 유리되고 공간까지 분리되어서.

이렇게는 안 된다. 뉴스를 정리하고, 정적을 향한 비난 글을 쓰고, 인터뷰 질문에 대한 답을 대신 구성하고…… 그 모든 것을 우리가 아닌 어느 개인의 성과로 만들기 위해 논문 작성을 미루지는 않았다. 그보다는 의미 있는 일을 해야 한다.

선거 캠프로 출근이 확정된 날, 집 근처 유일한 서점인 알라딘 중고 매장에서 일기장을 샀다. 양장 노트를 집어 들고 결심했다. ○○당에서 겪은 모든 일을 기록할 것이다. 정당 정치라는 구조가 내 글을 한 개인의 것으로 사유화한다면, 그 시공간에서 내가 겪은 모든 일을 내 언어로 씀으로써 복수하겠다. 그렇게 마음먹으니 밤중에 위원장이 부탁한 자료를 텔레그램으로 전달하면서도 억울함이 덜했다.

(D-63)

저출생 대책에 대한 인터뷰 답글을 쓰다가 옆자리 동료에게 물어봤다. "아이를 낳고 싶으세요?" 잘 모르겠다고, 미섭 씨는 낳고 싶냐기에 언제나처럼 답했다. "아뇨. 사람을 키우려면 돈이 많이 들잖아요. 저는 조금 벌고 조금 쓰고 싶어요."

모종의 이유로 부자가 되거나, 낳기만 하면 정부가 알아서 키워 주는 유토피아에 살게 된다면 아이를 낳을 것인가? 마찬가지로 아니다. 아이가 똑똑하지 않으면 어떻게 해? 너무 당황스러울 것 같아. 그리고 그 속마음을 분명 들켜서 애를 망쳐 버릴 것이 분명하다.

서울대에 가지 못할 아이라면 낳지 않겠다는 뜻이 아니다. 만일 아이가 헤테로라면? 축구를 좋아한다면? 생일 파티에 반 친구 모두를 초대하는 성격이라면? 그렇게 나와 다른 인간을 어떻게 키운단 말인가? 내가 살이 찌든 빠지든 "내가 그 나이일 때는 몇 킬로였는데……."라고 내뱉던 엄마가 떠오른다.

내가 중학교에 다니면서부터 엄마는 스물이 넘으면 경제적 지원을 끊겠다고, 그만큼 키워 줬으면 충분하다고 누누이 말했다. 별로 서운하지는 않았다. 외국에서는 다 그렇게들 한다기에 무작정 수긍했다. 집에서 내쫓지는 않았다는 점만으로 감지덕지했다.

생활비는 물론 학비까지 몸소 벌며 사정이 녹록지는 않았지만, 운 좋게도 스스로 대학을 졸업할 수 있었다. 또 엄마의 그 방침이 부정적으로만 작용하지는 않았다. 도움이 되기도 했다. 그 무엇보다 자유가 가장 중요했던 내게 돈도 안 주면서 간섭할 정도로 엄마는 경우 없지 않았다.

학부생 시절, 종종 이런 농담을 했다. "우리 엄마보다 남의 엄마가 내 밥을 더 잘 챙겨 줘." 수업이 끝나면 곧장 학교에서 나와 과외를 서너 개씩 하러 가는 날이 많았다. 과외 학생들도 늘 학교며 학원 스케줄에 쫓기는 사정이었으므로 학부모가 밥 대신 방으로 넣어 주는 떡이며 과일을 나눠 먹었다. 저녁을 거르고 온다는 말에 아예 식사 자리에 나를 끼워 주기도 했다. 군식구지만 살점이 하나도 흩어지지 않은 생선구이처럼 귀한 반찬을 대접받은 나는 '효율적인 내신 시험 공부 비법'이나 '대학 동아리 생활' 이야기를 늘어놓으며 밥값을 치렀다.

여기저기서 밥을 얻어먹다 보니 과외 선생님, 동기 부여 연설가에 더해 학부모 상담사라는 역할까지 맡게 됐다. 6시만 되면 자리를 박차고 일어나는 지금과 달리, 당시 나는 학벌로 쉽게 돈을 번다는 죄책감을 덜기 위해 뭐든 더 하고 싶었다. 막 사회에

1월 5일 수요일

D-DAY
3월 9일 수요일

발 들인 입장이라 돈을 주는 어른들이 어렵기도 했고.

　어머니들은 갓 스물이 된 내게 가정사나 건강 문제, 친구 관계까지도 털어놓았다. 그러나 모든 고민은 결국 자식이라는 원점으로 돌아왔다. 나는 희미하지만 분명하게 느꼈다. 그들은 자식이라는 존재에 어찌할 바를 몰랐다. 10년을 넘게 같이 살았는데도 자식이라는 타인을 이해하기는커녕, 자신과 다른 존재임을 깨달을 때마다 깜짝깜짝 놀라는 듯했다. 대개는 기대만큼 공부를 잘하지 못해서였지만, 취미나 대인 관계 등에 대해서도 마찬가지였다. 어디서 이런 애가 나왔는지 모르겠다며 노골적으로 의아함을 드러내기도 했지만, 많은 경우 자기 감정을 숨기려고 노력했다.

　그런데도 학생들은 한 명도 빠짐없이 눈치채고 있었다. 어머니가 자신을 당황스러워한다는 것을. '내 배로 낳은 내 자식인데' 그렇게나 다른 타인으로 자랐다는 사실을 받아들이지 못했다는 점을.

(D-62)

건축가는 우선 친구가 되어야 애인으로 발전할 수 있다고 했다. 세 번째로 만나 맥주를 마시고 그의 집에 누워 있던 나는 바로 답했다. "너랑 내가 친구가 될 수 있을 것 같아? 우리가 학창 시절에 같은 반이었다면 친해질 수 있었을 것 같냐고." 다소 우물쭈물하는 사이 또 물었다. "그럼 너 친구 중에 연애하고 싶은 사람 있어?" 적어도 그 질문에는 바로 대답하던데. 미간을 찌푸리고 "아니!"

좋은 친구가 될 수 있어야만, 연인으로서도 좋은 관계를 유지할 수 있을까? 그게 이상적인 사랑일까? 난 그런 적은 한 번도 없었다. 성적으로 끌리지 않았다면 서로 말 섞을 일도 없을 사람들과 만났고 그래서 좋았다. 평소 들을 일 없는 음악을 듣고, 먹어 본 적도 없는 음식을 먹으며, 우리의 세상이 넓어질 수 있으니까. 애인들이 아니었다면 나는 지금까지 국악 공연장이나 위스키 바에 가 본 적 없는 사람일지도 모른다.

| 1월 6일 목요일

D-DAY
3월 9일 수요일

(D-61)

앱에서 사람을 만나 데이트를 하려면 각자 어디에서 지내는지를 밝혀야 한다. 나는 보통 집이 어딘지를 드러내기 싫어서 "여의도에서 6시에 일이 끝나요."라고 말한다. 지난번에는 ○○당의 대선 캠프에서 일한다고 하자 "직장이 여의도라 해서 금융사 같은 데에서 일하는 줄 알았어요."라는 답이 돌아왔다. "멋진 커리어 우먼 레즈비언이랑 데이트하는 줄 아셨나요?" 하고 웃고선 덧붙였다. "같은 여의도지만 온수가 나오는 여의도와 안 나오는 여의도가 있거든요."

국회의사당역 밖으로 나오면 못생긴 건물로 유명한 국회가 보인다. 기자 회견 같은 걸 할 때는 그곳으로 출근한다. '그림이 나오는' 건물 계단 앞이나 국회의원 혹은 정당인의 자격으로 빌릴 수 있는 공간에 플래카드를 설치하고 사진을 찍는다. (웬만한 기자 회견에는 기자가 오지 않아서 주최 측이 직접 찍은 사진을 보도 자료와 함께 배포해야 한다는 점은 취직한 뒤에 알게 되었다. 페미당당에서 뭔가를 할 때면 언론사에서 취재하러 왔다.)

국회 앞에는 대로가 하나 있다. 시위하는 사람과 각종 농성 텐트, 음향 장비를 지붕 위에 실은 봉고차나 버스 들로 늘 붐빈다. 국회로 외근 나간 어느 날, 사무실로 복귀하려고 횡단보도를 건너는데 사원증을 목에 건 행인이 말했다. "광인, 오늘도 광인 천지네."

주위를 둘러보니 중공의 도청 장치로 고통받았다는 사연을 몸 피켓에 붙인 사람, 확성기를 들고 자신이 믿는 신을 전도하는 사람이 있었다. 차별금지법제정연대 농성장이나 간호법 제정을 촉구하며 피켓 선전전을 하는 무리도 눈에 띄었다. 정당에서 게시한 선거 홍보물도 곳곳에 붙어 있었다. 그 행인이 말한 '광인'은 누구일까. 대로변에 있는 그 모두일까? 666 베리칩에 대해 경고하는 사람이나 낙태죄 폐지를 외치는 우리나 다 거기서 거기일까? 남들 출근해서 일할 시간에 거리에서 뭔가를 외치는 미친 자들?

길을 무사히 건너면 작고 초라한 광장 내지는 공원이 있다. 글래드호텔이나 스타벅스가 입점한 화려한 빌딩도, 편의점을 이용하려고 들어가자 직원만 출입할 수 있다며 나를 쫓아낸 현대카드 건물도 있다.

바로 그 뒤로 넘어오면 풍경은 눈에 띄게 침울해진다. 청년위원회 사무실은 무슨 금융사 건물 뒤에 있다. 가끔 지각 위기가 닥치면 그 건물 1층에 입점한 투썸플레이스를 통과해 출근하는데, 이 건물은 어떻게 돈을 버는지 정말 부유한 모양새다. 크리스마스 트리로 꾸민 로비를 지나친다. 유니폼을 입은 보안 인력도 많다. 나 같은 외부인을 쫓아내는

| 1월 7일 금요일

D-DAY
3월 9일 수요일

게 그들의 업무겠지만, 정신없는 출근 시간에도 나에게 "안녕하십니까?" 하고 인사해 준다. 마주 꾸벅 인사하고 건물 뒷문으로 나와 출근한다.

우리 사무실이 있는 건물은 다른 세계 같다. 침침한 조명 아래 경비원 할아버지가 신문을 보고 있다. 5층이 아니라 4.7층에 내려 주는 엘리베이터에는 보통 나 혼자 탄다. 출근 이틀 차부터 나는 우리 건물이 아닌 건너편 금융사 건물에서 양치한다. 그곳 화장실은 우리 건물 화장실과는 달리 따뜻한 물이 나오기 때문이다. 우리 건물만 온수가 안 나오는 걸까? 어쩐지 이쪽 구역 건물의 사정은 다 비슷할 것 같다. 원내 혹은 원외 정당, 이름도 처음 들어 본 온갖 정치 단체, 신문사 대부분이 여기 꼬질꼬질한 건물 구역에 모여 있다.

출근 첫 주에는 사무실에 혼자 있다가 택배를 받았다. '완도산 전복 특품'이라고 쓰여 있는 커다란 스티로폼 박스로 받는 이는 추미애였다. 비서팀에 물어보니 자연스럽게 추미애 비서에게 전화한다.(서로 번호를 다 아는구나.) 이 사무실에는 원래 추미애 팀이 들어와 있었고, 그전에는 나경원이 썼다고. "여성 정치인들이 잘되어서 나가는 곳이네요."라고 농담하는 사람들 사이에서 생각했다. 양당 국회의원도 온수가 안 나오는 건물을 사무실로 쓰는구나. 여자라 비교적 후원금이 적어서?

(D-60)

상담을 시작한 이유를 누군가 물으면 우울증을 인지하게 된 시기를 상기하게 된다. 그러면 멀쩡히 고대 회의주의 수업을 듣다가 트위터에서 아빠가 구속되었다는 뉴스를 보게 된 날이 떠오른다. 꼭 그날이 아니더라도 내 인생에서 아빠는 늘 문젯거리였다. 예측할 수 없고 웃긴 사람이기도 했다. 범인의 것을 뛰어넘는 상상력으로 극적인 사건을 저지르는 데에는 익숙했지만, 범법 행위까지 저지를 줄은 몰랐다.

대학원 기숙사에 살기 위해서는 매해 부모가 수도권에 적을 두고 있지 않다는 사실을 증명해야 했다. 귀찮지만 의례적인 일일 뿐이었다. 아빠가 수감된 2016년 겨울이 되기 전까지는. 신청을 갱신하려 가족관계증명서를 뗐는데 '부'의 주소지가 서울시 중구 모 오피스텔로 되어 있었다. 거주지인지 작업실인지, 셋집인지 뭔지…… 나는 아빠가 거기 전입했다는 사실조차 몰랐다. 감옥으로 편지를 썼다. 당신이 서울에 전입 신고를 해 놓고 수감된 덕분에 기숙사에서 계속 살 수 없게 되었다. 그러니 오피스텔 비밀번호라도 알려 달라. 그곳에서 잠자며

| 1월 8일 토요일

**D-DAY
3월 9일 수요일**

통학하겠다.

    당장 기숙사에서 쫓겨날 날이 얼마 남지 않은 채 답장만 기다렸다. 전화는 어떻게 하는지도 몰랐고, 방법을 알아내더라도 전화하고 싶지 않았다. 무엇보다 아빠도 나와 통화하려고 하지 않을 것 같았다. 감옥에 들어간 것도 뉴스를 통해 알게 하는 사람인데. 한참을 기다렸지만 결국 답은 오지 않았다. 반년 뒤 출소했다기에 딱 한 번 연락했다. 건강은 어떠냐는 문자를 보내자 아빠는 이렇게 답했다. "네가 보낸 편지를 받았지만 뜯어 보지 않았다. 읽지 않은 채 평생 간직하며 마음의 짐으로 삼겠다."

    늘 이런 식이었다. 낭만적인 예술가로서의 자의식과 자기 연민이 지나치다 못해 우스꽝스러웠다. 집안에 경제적인 지원? 한 적 없다. 내가 갓난쟁이일 때 엄마가 생활비를 좀 가져다주어야 아이를 키울 것 아니냐고 따지자, 아빠는 말했다고 한다. "고아원에 데려다 놓았다가 데려오자. 요즘 고아원에선 피아노도 가르쳐 준다더라." 이런 에피소드가 얼마나 더 많겠는가? 누가 봐도 내 정신병의 근원은 아빠였다.

    상담을 시작하고 3주 동안 아빠 얘기를 엄청나게 늘어놓았다. 오늘은 처음으로 엄마에 대해 말하는 날이었다. 아빠에 대해서는 위악적으로나마 거리를 두며 웃기지 않냐고 말할 수 있었다. 하지만 우산을 가져다주지 않은 엄마 얘기를 하려는데 눈물이 났다.

하교할 무렵 비가 오면 어떤 엄마들은 교문 앞에서 우산을 들고 아이가 나오기를 기다렸다. 거기에서 엄마를 못 찾은 애들은 1층 복도 끝에 있는 공중전화로 자기를 데리러 와 달라고 집에 전화했다. 초등학생이었던 나도 엄마에게 전화한 적이 있다. "그냥 비 맞고 와."라는 말과 함께 전화가 뚝 끊기자 다음부터는 부탁할 생각조차 않았지만.

상담이 끝날 때쯤 선생님이 말했다. "미섭 씨는 아버지 때문에 겪은 일들이 인상적이었다고 이야기하는데요. 정말 중요한 인물은 어머니였네요. 아버지는 조연이었던 것이죠. 미섭 씨 인생에서."

맞는 말이었다. 계속 눈물을 흘리다가 말했다.

"너무 불공평한데요. 아빠는 저를 방치했는데도 별 원망을 안 사고, 엄마는 어쨌든 열심히 키웠는데도 딸이 심리 상담에서 줄줄 울면서 이건 다 엄마 탓이라고 하고. 여자한테 너무 불리하네요, 세상이."

(D-59)

"생각보다 책이 없네요?" 집에 들어선 만화가가 말했다. "도서관을 좋아하거든요." 대답하고 넘겼지만 조금 기분이 상했다. 별 뜻 없이 한 말에 괜히 나 혼자 발끈한 거겠지. 항상 책과 책장을 더 많이 가지고 싶다는 소망을 품고 있었으니까.

기숙사와 셋집을 전전하면서 세운 원칙이 있다. 내 손으로 옮길 수 없는 가구는 들이지 않는다. 언제 쫓겨날지도 모르고, 따로 저축해 둔 이사 자금도 없는 입장에서는 어쩔 수 없었다.

그 원칙에 따라 내가 가진 책장은 두 개뿐이다. 하우스메이트였던 태영이 쓰던 흰색 철제 책장과 중고로 산 이케아 선반. 모두 꽉꽉 찬 지 오래라 박혀 있던 책을 빼야 굴러온 책을 꽂을 공간이 생긴다. 그런데도 대청소 날마다 두께가 한 뼘도 넘는 산스크리트어 사전을 버리지 못하고 쩔쩔매자 태영은 말했다. "네가 가진 책이 네가 누군지 말해주지는 않아." 정곡을 찔려 10년 전 사회철학 세미나 자료 따위를 싹 다 폐휴지로 내다 버리면서도 미련을 못 버리고 소리쳤다. "그럼 내 인생이 나에게 남긴 게 대체 뭐가 있냐고!"

버튼을 누르면 늪지에서 채집한 새 지저귀는 소리가 나는 그림책이 없다면, 요리가 마무리될 때까지 놀러 온 친구들에게 뭘 살펴보라고 하나? 데이트 상대와 집에서 와인을 마시다 레즈비언 섹스에 대해 대화할 때, 다니자키 준이치로의 『만』을 꺼내 읽을 수 없다면 무슨 이야기를 할 수 있나? 몇 번의 이사에서도 살아남아 2만 원짜리 선반에 꽂힌 책들은 나의 마지막 남은 자존심이나 다름없을까. 아니면 작가며 학생이며 활동가며 직업은 많지만 그중 제대로 된 것은 하나도 없는 내 정체성 그 자체일까.

 엄마와 살 때는 어디로 이사하든 늘 거실 한 면은 책장이 뒤덮고 있었다. 고동색 원목으로 투박하게 짠 네 채짜리 책장이었다. 엄마는 굳이 대단한 책장을 마련해야 하나 싶었다지만, 아빠가 고집을 부려 맞춘 그것은 단군 이래 부모보다 가난한 첫 세대로서 나의 상징이자 빚으로 마음 한편에 존재한다.(지금은 책이 꽂힌 그대로 삼촌이 맡아 주고 있다.) 거실이 있는 집에 살 여유가 생기고 사다리차 비용을 부담할 수 있게 되는 날에는 이 책장을 집 안으로 들여올 수 있기를 늘 고대한다.

 책장을 가져온다는 건 엄마의 책도 함께 들여온다는 의미일까. 미처 생각해 보지 못했다. 엄마 책장에는 뭐가 있었지. 세로쓰기로 조판되어 한자를 섞어 쓴 오래된 책들. 브리태니커 백과사전 전집. 왜인지 아직도 버리지 않은 대입 문제집과 '해리 포터' 시리즈. 종로서적 도장이 찍힌 책들. 나는 차마 소장할

| 1월 9일 일요일

D-DAY
3월 9일 수요일

엄두조차 못 내는 사진집이나 장정본 지도 책. 엄마가 "이런 엉망인 글을 책으로 내다니." 하며 아빠 이름이 수신인으로 적힌 서명 페이지를 쭉 찢어 낸 다음 버리는 것을 잊은, 증정용 시집과 소설.

일주일에 두세 번은 아빠가 진 빚 독촉 전화가 집으로 걸려 오던 시기였다. "내 주소지로 압류하러 찾아갔더라고. 거긴 내가 책을 보관하려고 대여한 창고 아닌가. 빚쟁이 놈들, 쌓여 있는 책이나 보고 당황했겠지!" 자본주의에 한 방 먹인 선비라도 된 것마냥 아빠가 말했다. 막상 전화를 받고 아빠 핸드폰 번호는 모른다고 거짓말을 해야 하는 건 나였는데도.

그 책들은 지금 어디에 있을까? 아빠를 만나지 못하게 된 것은 별로 아쉽지 않지만, 아빠의 책들은 어쩐지 오롯이 내 것만 같다. 언젠가 아빠의 부고를 들으면 그 책들은 내 몫이 될까? 아니면 아빠의 빚을 포기한다는 선택과 함께 모르는 사이에 모두 청산되고야 말까?

(D-58)

낙태죄 폐지 토론문을 정말 최후의 최후까지 미루다가 이제야 다 썼다. 왜 그랬지. 내 이름이 아닌 다른 이름으로 자료집에 실리고, 다른 사람이 자기 생각처럼 말할 문장이라 그런가 봐. 내가 잘 아는 분야라 더욱 그런 것 같아.
학계에서는 누가 대신 글을 써 주지 않고(사실 써 주지만) 미술도 남이 그리면 표절이지.(그렇지만 '이불' 봐. 팀이 있잖아.) 왜 정치만큼은 대표자가 있어서 얼굴을 내세워야만 하는 걸까? 국회의원이 잘하면 보좌관이나 비서진이 칭찬받지는 않잖아. 다들 그 의원이 잘했다고 생각하지.

│ **1월 10일 월요일**

    게다가 내일 있을 토론은 정말 '토론을 위한 토론'이다. 이미 활동가들은 다 아는 내용을 정치인들 앞에서 한 번 더 이야기하겠다고 만든 토론회. 정책 입안자들이 정리된 문서로 읽으면 더 효율적이겠지만 그들은 절대 그러지 않기에, 입법권이 있든 없든 정치인이란 항상 행사를 벌이고 사진을 찍어야 하기 때문에 차려진 토론회.

    그러나 이 토론문을 잘 고치고 완성해서 내보내고 싶었다. 오랫동안 연대한 동료 활동가들이 패널로

D-DAY
3월 9일 수요일

참여할 텐데, 그들이 국회까지 와서 속으로 한숨을 쉬다 가게 할 수는 없었다.

  2016년에 처음 '검은시위'를 기획했을 때부터 함께 일한 이들이다. 페미당당이 역량 부족으로 낙태죄 폐지 활동에서 손을 뗀 이후로도 지치지 않고 치열하게 싸운 그들에게는 항상 부끄러울 따름이다. 비록 나는 토론회에 가지 못하지만, 그들은 토론문 뒤에 내가 있다는 점을 모르겠지만, 그래도 실망시키고 싶지 않았다.

(D-57)

국회에서 열린 낙태죄 토론회에 참석한 활동가 친구들과 점심을 먹었다. 명목상 직장인이 되었는데도 "○○당에서 얼마 받을지 뻔한데……."라며 그들이 나에게 밥을 사 주었다. (그러는 당신은 전업 활동가잖아!) 그들은 ○○당의 몇몇 정치인, 특히 시민 단체 출신 인물의 안부를 물었다. 시원찮게 대답할 수밖에 없었다. 캠프에 들어온 이후 한 번도 본 적 없는 이들이 대다수였으니. 오히려 "그분도 활동가였어요?"라고 되묻기나 했다.

 시민 단체에서 활동하다 정당 정치인이 되면 동료들로부터 제기되는 비판을 피할 수 없다는 사실을 알게 되었다. '운동의 사유화'라는 표현도 배웠다. 시민 사회에서 대표를 맡는 등 활동가로서 쌓은 명성(이랄 것도 없지만)을 등에 업고 정당 지도부로 입당하는 루트에 반대하는 입장에서 나온 표현이었다. 영달을 추구한다는 것에 거부감을 느껴서라기보다는, 공동체 모두가 논의하여 꾸려 놓은 가치와 합심해 이룬 사회 변화를 개인 자산으로 가져가는 행위에 대한 비판이었다.

1월 11일 화요일

D-DAY
3월 9일 수요일

그저 계약직 활동가로 선거 캠프에서 일하는 나를 향하는
말은 아니었지만 찔렸다. 나 역시 페미당당 활동을 경력으로
이력서에 쓰고 ○○당에 들어왔는데? 여기가 아니더라도
스스로를 '페미딩당 심미섭'으로 소개할 때도 있고. 나 또한
운동을 사유화하고 있는가?

페미당당은 활동 초반부터 언론사에서 취재를 왔다. '강남역
살인 사건'을 추모하는 '거울행동' 때였다. 모두가 피해자가 될
수 있다는 의미에서 근조 리본을 붙인 거울을 들고 행진했는데,
가장 앞에 선 나와 화용이 찍힌 사진이 일베에 올라가 온갖
욕을 먹고 성희롱을 당했다.

행진을 시작하기도 전인데 우리 예상보다 기자들이 많이
와서 벌써부터 사진을 찍고 있었다. 나는 화용에게 물었다.
"우리가 맨 앞에 서도 돼? 이렇게 주목을 받는 게 맞아? 앞에
서고 싶은 분은 없는지 물어볼까?" 뒤로 몸을 돌리려는데
화용이 제지했다. "언니, 이분들 다 우리가 불러서 온 거야.
우리가 총알받이가 되어야지 누굴 앞으로 세우려고 해?"(나보다
한 살 어린 화용은 혼낼 때만 나를 '언니'라고 칭한다.)

그렇구나. 맨 앞에 서는 건 책임을 진다는 뜻이구나.
책임지기 싫어서 이 무리의 '얼굴'이 되기 부담스러운 건
아니었다. 내가 이렇게 나대도 되나 주저했던 듯싶다. 내가 너무
돋보이고 싶어서, 주목받는 것이 좋아서 앞에 서는 건 아닐까
하는 자기 검열. 그날 이후로는 페미당당 활동을 하면서 전면에

나서는 일을 책임의 차원에서 받아들이기로 결심했다. 그게 설령 잘난 척으로 보이더라도.

 하지만 더 중요한 질문을 외면하고 있는 건 아닐까. 책임감 때문이든 나대고 싶어서든, 애초에 한 사람이 다른 이들을 대표할 수 있는가?

(D-56)

출근하자마자 국민의힘 '여성가족부 폐지론'에 대한 비판 글을 작성했다. 정쟁하는 글도 잘 쓰게 된 한 달 차 선거 노동자의 오전이었다. 한편 아무리 빡세게 쓴다고 써도 최종본은 한층 더 빡세져 돌아오는 것이 정당의 글임을 깨닫기도 했다.

국민의힘에서 부정 수급 내역을 예로 들며 여성가족부가 여성 단체에 "이념 편향적 보조금"을 지원하고 있다고 단정 짓길래, 사실 확인차 여성가족부에 전화했다. 부정 수급이 왜 생기냐고 묻자, 거의 대부분(비공식 수치 98퍼센트)이 한부모 가정에 지원금으로 나갔다가 중위소득을 초과하게 되어 돌려받은 금액이란다. 중년 남자 담당자가 너무나도 지친 목소리로 담담하게 설명하는데 그 톤이 익숙했다. 혐오 세력이 "너 메갈이지?" 하는데 "아니, 그렇게까지는……. 저도 그러고 싶은데 아쉽게도…… 못하고 있는……."이라고 답해야 하나 싶을 때의 내 톤.

(D-55)

개씨발 개포라이 사무실 아니냐? 간밤 섹스 직전에 'S 후보 돌연 일정 중단'이라는 뉴스를 보고, 어떻게든 이미 시작한 섹스는 계속하며 후보의 이름조차 떠올리지 않기 위해 노력했음. 미국 드라마에서는 직장에 이런 일이 생기면 섹스는 안 하던데…… 솔직히 알 게 뭐냐? 내가 당장 전화해서 후보를 말릴 수 있는 것도 아니고. 어쩌다 이런 일이 일어났는지도 도저히 알 수 없을 테고. 그리고 만화가한테는 대체 이게…… 아무 의미도 없는 뉴스 때문에 하룻밤이 망가질 이유는 없잖아? 내가 그 사람 눈치를 보며 억지로 섹스했다는 건 아니다. 아니, 어쩌면 그랬을지도. 아무튼 나도 '여자 당한' 여자니까.

어제는 보들보들한 섹스를 했다. 만화가는 떨려서 못 참겠다고 했다. 그 말은 나에게 그렇게까지 매력적이지는 않다. '아, 부럽다……. 나도 떨리고 싶다.'라는 생각뿐. 난 이 친구를 만나면 편하고 좋지만 떨리진 않거든. 내 특성인지, 떨림을 느낄 만한 사람을 아직 못 만나서 그런 건지 전혀 모르겠어.

파트너들은 "나로 괜찮냐.", "너는 나보다 더

| 1월 12일 수요일
| 1월 13일 목요일

D-DAY
3월 9일 수요일

멋진 사람 만날 수 있다." 등의 얘기를 한다. 내가 지금 손해 보면서 자기를 만나고 있다는 의미인가? 나도 나에게 과분한 사람을 만나고 싶어. 그런데 상대가 나를 과분하다고 느낀다면(정확히는 "아웃 오브 리그"라고 했다.) 정말로 나의 수준이 저보다 높은 것인가? 그건 전혀 아닐 듯. 비슷한 사람끼리 만날 가능성이 높겠지. 그냥 자기가 나를 더 좋아한다는 뜻인가? 난 과분하다는 생각이 드는 상대를 만날 수 있을까? 만난다고 해도 상대가 너무너무 사랑스러워서 '이 사람이 날 왜 만나주지?' 하면서 오히려 자존감이 좀 떨어져 버릴까.

오늘도 9시 출근. 역시 아무도 없음. 누구도 나에게 상황을 설명해 주지 않음. 우리가 동료라면 이래서는 안 되는 것 아닌지. 저기요……. 님 인생만 인생입니까, S 씨? 제 인생도 꽤 중요하거든요. 제가 일하는 공동체에 일어난 일을 뉴스 말고 단체 내에서 전해 듣고 싶거든요. 그러고 나서야 양해를 할까 말까 고민하고 싶거든요.

위원장도 라디오 출연이 취소됐으면 나한테 말해 주었어야지. 무슨 얘기를 할지 자료 조사해서 내보내는 건 전데요. 전 공보국장이라는 직책을 달고 있는 사람인데요. 언론에 공적인 메시지들을 내보내는 사람이요. 그리고 우린 한 사무실에서 일하잖아. 그래, 정신 없겠지.

와, 벌써 10시고 아무것도 된 게 없네. 누가 왔다.

> M 저도 들은 게 없어요. 위원장도 마찬가지고요.
> 오전 회의가 급하게 잡혀서 들어갔다 왔어요. 오프
> 더 레코드지만 지지율 부진을 이유로 당 대표가
> 사퇴하겠다는 의지를 표명했다고는 하는데……

회의인지 중언부언인지를 하는 와중에 사무실 문이 벌컥 열리더니 반은 양복에 반은 개량 한복 차림인 할아버지가 들어왔다. 들어온 목적은…… 지도를 사라고? 저 현대의 김정호 선생은 여의도 사무실을 돌아다니면서 지도를 팔고 있는 건가? 대선 후보가 잠적했는데 기자들이 아니라 지도 할아버지가 들이닥치는구나, 여기는.

> 다시 M 지금까지 후보랑 선대위 간 소통이 안 되고
> 있었다고 하더라고요. 당 대표는 이제 선대위 말고
> 비서실 체제로 후보 맘대로 하라고 하고 있고.
> 여기저기서 들려오는 목소리들 **빨리 잡코리아 켜.**
> 난 벌써 워크넷 둘러보고 있어.

그렇다! 여기는 누군가의 일터다. 떼돈을 벌려고 여기에서 일하는 사람은 없겠지만 월급이 나와야 밥도 사 먹고(식대도 안 주는데 여의도 물가로 점심을 사기가 쉬운 줄 아나.) 월세도 내지. 그런데 대통령 후보가 사라진, 왜 사라졌는지 아무도 모르는

선거 캠프에서 노동자는 무얼 해야 하는가?

> 또 들려오는 목소리들 이거 다 기획이래. 후보랑 사실은 연락되고 그렇대.

점심에 팀원들이랑 다 같이 나가서 피자랑 맥주 먹고 왔다. 이런 상황에서도 사비로 뭘 먹어야 해서 제일 저렴한 치즈피자와 카스 생맥을 먹었다. 어이가 없다. 왜 어이가 없지? 사회생활이란 다 이런 거겠지? 가장 기댈 데 없는 순간에 그 누구도 나에게 밥이나 먹고 오라며 카드를 주지 않는. 맥주를 두 잔씩 마시고 돌아와서 또 회의 비슷한 걸 했다.

> 위원장 일단 저는 연대 책임을 지고 공동 선대위원장직을 사퇴하고요.
> 미섭 그러면 저희…… 저희 선대위는 어떻게 되는 건가요?(다시 드리우는 잡코리아의 그림자)
> 위원장 청년위원회와 우리 선대위가 없어지는 건 아니에요. 부문별 그리고 시도당 선대위는 사퇴하지 않아요. 너무 걱정하지 마세요. 정치라는 영역이 계획이나 대책 없이 이런 일을 저지르지는 않아요.
> 미섭 (계획도 대책도 없었던 것 같은데)

위원장 이번 사건도 대선에 최종적으로 좋은 결과로
 이어질 거예요. 정치란 것이 그렇죠. 한마음
 한뜻이라는 걸 보여 주죠. 우리 한 사람 한
 사람이 어떻게 하는지에 따라서 결과가
 굉장히 달라지게 되어 있고요. 신발 끈 조여
 매고 열심히 하자는 메시지죠. 이번 대선이
 잘 안 되면 저도 같이 사퇴할 거고요.
미섭 그럼…… 후보의 잠적이 오히려 죽기
 살기로 노력하겠다는 메시지라는
 건가요? 그게 어떻게……
위원장 다시 시작한다는 마음으로 총력을
 다해 달라는 말이죠.
미섭 (근데 그게 어떻게? 메시지?)

저런 대화(와 마음의 소리)를 제외하면 회의에서 정해진 것, 아니
이미 지도부가 정하고 우리가 전해 들은 바는 다음과 같다.
선대위는 일괄 사퇴하고 정당 일상 사업만 유지한다. 개편
발표 이후에 메시지가 나갈 예정이다. 하지만 청년위원회
선대위 이름으로 보도 자료가 나가지는 않는다. 외부로 나가는
홍보물은 우선 멈춘다. 청년위원회 선대위 관련해서는 향후
계획을 말해 줄 수 없다(고용 불안 대박). 내일부터 다시 언론
인터뷰 등을 재개하고 더욱 '슬림한', 즉 실무 위주의 선대위를

꾸릴 것이다.(이전까지는 실무를 안 하고 무엇을 했단 말인가?)

<small>미섭</small>　그럼 저희가 지금까지 진행해 오던 선대위
　　　일은 안 하게 되나요? 예컨대 이랑과
　　　함께하는 콘서트 기획 같은 것이요.
<small>위원장</small> 후보가 선대위 개편안 들고 오면
　　　그에 따라 일하면 됩니다.

퇴근 직전에 어느 직원이 말했다.
　"제가 여기 있어 보니까 ○○당이 집권하면 안 될 것 같아요. 아직 우리나라는 진보 대통령이 나오기에는 때가 안 되었네요."

(D-54)

잠수이별녀, 즉 S의 소식은 아직도 오리무중이다. 옆자리 동료와 이야기했다. "후보는 죽지 않을 거예요. 헤테로잖아요." 지독한 당사자성 농담에 우리 둘은 한참 웃었다. "맞아요. 잠적하고 괴로워하다가 자살까지 하는 건 퀴어적 특성이죠." 그래도 친구들이 후보에 대해 물어보며 나까지 걱정해 줘서 좋았다. 그래, 대통령 되는 게 뭐가 중요해. 어차피 대통령도 못 될 건데.

참, 어제 퇴근한 뒤에 임시 사무국장이 된 M이 내일(그러니까 오늘) 늦게 퇴근할 수 있냐고 전화했다. 대신 출근을 좀 늦게 하라는데 절대 안 되지. 난 재빨리 나가서 술 마시고 이민휘 공연 보러 갈 건데. 후보는 잠수 탔는데 나는 야근? 말도 안 되는 소리 좀 하지 마.

점심시간에 당 사람인 어떤 직원이 자신은 "○○당 2만 당원 중 30명 안에 드는 사람"이라고 말했다. 그 의도는 자랑이 아니라 한탄이었는데, 30명 안에 들 정도로 당 활동을 열심히 했는데 돌아가는 사정을 잘 몰라 억울하다는 뜻이었다. 그는

1월 14일 금요일

"익숙해요."라고 덧붙였다.

○○당 사람들에게서 권력욕 내지는 인정 욕구를 발견하면 깜짝 놀란다. 몇 주 전까지만 해도 '그럼 왜 ○○당에 있는 거지?' 하고 생각했는데. 맞아, 거기까진 타협 가능한 거지. 어떤 사람한테는 민주당까지가 타협 가능한 선이고, 내 친구들은 ○○당으로는 타협이 안 되어서 또 다른 진보 정당에 가기도 하고. 나도 ○○당에 타협해서 들어온 건가? 그런가?

(D-53)

아주 오래전에 한두 번 만났던 여자애를 조이에서 보았다. 여대에서 체육을 전공하는 애였다. 자기는 '2호선 프로젝트'를 하고 있다고 했었다. 2호선에 있는 대학에 다니는 여자들과 한 번씩 자고 있다고. 나랑 잔 덕분에 한 정거장을 또 채웠다는 이야기를 부끄럼 없이 했다.

  나는 그런 애들한테도 끌렸다. 낮은 자존감을 말도 안 되는 허세로 숨기려는 여자애들. 충분히 똑똑하지도 교묘하지도 못해서 그 텅 빈 속이 다 드러나 보이는 애들. 허세와 여자란 흔한 조합은 아니다. 하지만 바로 그 얄팍한 점 때문에 그들을 귀여워하는 것을 넘어 사랑해 버리기까지 했다. 친구들은 악취미라며 경멸했고, 상담 선생님은 아빠를 거론하며 프로이트적으로 해석하려고 했다. 나는 차라리 친구들 편을 들었다.

  체육을 전공하는 머리 짧은 레즈비언이라는 이유로 많은 여자들과 잘 수 있던 그 애는, 의외로 아니 어쩌면 당연히도 섹스를 못했다. 무식하게 박아대기만 해서 내 머리가 침대 헤드에 쿵쿵 박혔다. 그 애는 술을 많이 마시면 기억을 잃는 것 같았다.

1월 15일 토요일

D-DAY
3월 9일 수요일

나중에 확인할 필요조차 없었다. 지금 제정신이 아니라는 것을 딱 봐도 알 수 있었으니. 파트너의 클리토리스가 어딘지도, 어디를 쑤시고 있는지도 모르는 좀비, 나는 전혀 느낄 수 없는 육체적 쾌락. 이 섹스에서 즐거움을 찾자면, 좀비와도 다를 것 없는 그 애에게 박히며 '강간당하는 것' 같다는, 무자비하게 섹스 '당하고' 있다는 관념적 쾌락뿐. 그러니까 오직 좀비와만 나눌 수 있는 아주 관념적인 섹스를 했다.

자꾸만 찧는 정수리가 얼얼해져서 걔를 뒤집고 애무하기 시작했다. 예의상 혹은 자존심상 나만 박히고 끝나는 섹스는 용납할 수 없었다. 그래서 나는 영원히 여자들에게 강간당할 수 없는 것이다. 나도 걔를 박아야만 섹스가 끝나기 때문에. (물론 온갚을 만나 본 적도 있다. 그와의 섹스를 나는 거절했다. 내가 그를 강간할 것 같아서.)

아무튼 그 애를 다시 만났다. 앱으로 대화가 두세 번 오가고 아주 쉽게. 걔와 나는 모두 자신은 '바람둥이'고 상대는 '걸레년'이라고 생각하고 있었을지도 모른다. 어쨌든 나는 쉬운 상대를 만나고 싶었고, 나 또한 쉽게 다루어졌으면 했다. 을지로 공업사들 사이에 위치한 컴컴한 공연장 겸 바에 갔다. 걔는 이미 술을 먹고 온 상태였고, 나는 술을 취할 정도로 마시지 않는 사람이다.

5년 만에 만난 그 여자애는 머리를 단발로 길렀으며, 아웃팅을 극도로 두려워하고 있었다. 그동안 무슨 일이 있었는지는 묻지 않았다. 알게 되면 책임져야 하니까. 위스키를 딱 두 잔 마셨을 뿐인데 그 애는 벌써 정신을 놓고 내 허벅지를 만졌다. "너 이제는 밖에서 여자 만나는 티 안 낸다며?" 왠지 모르겠지만 핀잔을 주었다. 함께 집에 가기는 싫어서 근처 호텔로 갔다. 그 애를 로비 소파에 앉혀 놓고 트윈 룸을 달라고 요청했다.

방에 들어가자마자 그 애는 "왜 침대가 두 개야!" 하고 소리 질렀다. "그냥 자자." 그 애를 눕히고 아주 오랫동안 목욕을 했다. 아무리 큰 소리를 내도 그 애는 깨지 않았다. 아직 젖은 상태로 그 애가 누워 있는 싱글베드로 들어갔을 때도 마찬가지였다. 코 고는 애 옆에서 선잠이 들었다가 내 침대로 다시 돌아가 잠시 눈을 붙였다.

아침에 깨어나 그 애는 완벽하게 상황을 파악한 척을 했다. 팬티만 입고 머리를 말리는 나에게 "아직도 발레 해?" 따위의 일상적인 대화를 시도했지만 이내 포기했다. 호텔 방을 잡고 섹스는 못 했지만 고고한 척은 하고 싶었던 나는 대충 대답하고 방을 나왔다.

(D-51)

S가 나타나서 사과했다.

　근데 나는…… 토할 것 같네. 무시당했다고 느낀다. 국민에게 사과하고 당원에게 사과하고 자신의 잠수 때문에 "일정을 망친 분들"한테까지 사과하고. 그럼 나는? 나는요……? 같이 일을 해 보겠다고 들어온 나는? 우리는? 중앙당 사무실의 상근자들한테는 미안하다고 했대. 몰라, 방문했다는 얘기만 들었으니 진짜로 사과를 했는지 안 했는지. 그런데 여기는 안 오나? 난 상처받았어. 이건 예의가 아니라고 생각해. 사과받고 싶어.

　S에게 편지를 써 보냈다. 자의식 과잉인가? 몰라. 그냥 보냈다. 좀 오바쌈바라고 생각할 수도 있지만 뭐 난 '엠지세대'니까 괜찮아.

S 후보님, 안녕하세요.

　○○당 대선 캠프에 함께하고 싶다는 뜻을 밝히고, 지난해 12월부터 청년위원회 선대위에 합류해 공보국에서 일하는 심미섭입니다. 여기 캠프에서 일하는 것과 별개로 6년 차 페미니스트 활동가이기도 합니다.

높고 낮음이 있는 정치의 세계에 아직 익숙하지 않아 그런지 지난주에 S 님이 일정을 멈췄다는 소식을 접하자마자 마음이 아팠습니다. 멀리 있어도 함께 일하는 동료 활동가에게 심적으로 큰일이 생긴 것 같아 걱정되었거든요.

　오늘 기자 회견 잘 보았습니다. 당원들과 시민들께 사과하시고, 일정 차질로 혼란을 겪은 분들께 죄송하다는 말씀은 특별히 한 번 더 하셨지요. 그런데 저는 뭔가 버려졌다 혹은 잊혔다는 감상이 들었습니다. 당직자로서 사과를 받고 싶었기 때문입니다.

　고작 3개월 일하는 임시직이지만, 당장 해결해야 할 생업을 잠시 멈추고 이곳에서 일하고 있습니다. 아마 저처럼 커리어나 일상을 포기하고 여기 계신 분들이 많을 겁니다. 여기에 S 님 개인을 '위해' 온 것은 아니지만, S 후보와 '함께' 일한다는 자부심은 늘 가지고 있습니다.

1월 17일 월요일

　활동을 중단하신 동안, 외부 일정을 함께하기로 약속한 시민 분들도 당황하셨겠지만 여기 대선 캠프에 있는 이들의 마음은 어땠을까요. 단순히 일정이 틀어진 것만이 문제가 아닙니다. 함께 일하는 사람으로서 존중받지 못했다는 생각을 주말 내내 떨칠 수 없었습니다.

　저는 S 님에 비해서는 무척 짧게, 6년가량을 활동했습니다. 그런데도 심신이 너무 지쳐 활동가

**D-DAY
3월 9일 수요일**

안 한다고 선언하고 동료들의 연락을 차단한 채 잠적한 적이 있습니다. 그때 같은 단체에 있는 친구들뿐 아니라 시위 현장에서 가끔 보던 동료들까지 저를 찾아와 위로하고 응원하고 또 설득해 주었습니다. 그들 덕분에 저는 아직 잘 지내고 있고, 여력이 있는 한 제가 할 수 있는 일을 하는 활동가로 살아남았습니다.

    후보님께도 그런 좋은 동료 분들이 있겠지요? 그렇기 때문에 오늘 이렇게 돌아오신 것 같아 안심이 됩니다. 응원의 말을 가닿게 할 수는 없었지만, 무슨 상황인지 알 수 없는 나날에도 매일 정시에 출근해 자리를 지킴으로써 저 또한 역할을 했다고 생각합니다.

    오늘 선거 운동을 재개하기로 결정하시면서 당사에 방문하셨다는 이야기도 들었습니다. 어떤 말을 하셨는지는 모르지만, 아니 모르기 때문에 더더욱 청년위원회라는 제2당사에 있는 저로서는 고립된 기분이 듭니다. 사무실에 있는 당직자 혹은 활동가, 선거 노동자들에게도 미안하다, 같이 일하는 사람에 대한 배려가 부족했다, 그렇게 한마디 남겨 주시면 감사하겠습니다.

    나이와 경력, 직급은 많이 차이 나지만, 저는 S 님을 활동가 선배이자 동료라고 생각합니다. 나중에 비슷한 선택을 할 후배 정치인, 활동가들에게 모범이 되어 주십시오.

    그럼 고민해 주시면 감사하겠습니다. 몸과 마음의 건강을 잘 챙기시기를 진심으로! 바랍니다.
　　심미섭 드림.

나 말고 다른 사람들도 아주 빡쳐 있다. 대체 무슨 일인지, 왜 그랬는지, 일부러 기획했는지 아니면 후보 단독 행동인지 아무것도 모르는 채로 후보가 사라졌다가 그냥 나타났으니. ○○당에서 오래 일한 사람들도 많을 텐데. 그들은 자신이 아무것도 아니라고 느껴서 화난 게 아닐까. 왜 그랬는지 알고 싶은 거야. 기여한 만큼 존중받고 싶을 테니까.
　　나는 여기에서 대단한 사람이 전혀 아니지. 대선 때까지만 일하고 나갈 임시 인력. 하지만 나도 노동자로서 화낼 명분은 있다. 내일까지 후보가 텔레그램 확인을 안 하면 편지로 뽑아서 비서실에 맡길 거야. 아, 근데 비서실도 후보 얼굴을 못 본 지 한참 됐다고. 잠깐 나가서 오뎅우동이나 먹고 들어올까.(요즘 왜 이렇게 많이 먹지?)
　　오뎅우동을 먹으면서 생각했다. 나는 S가 걱정되었기 때문에 화가 난 거라고. 인정 욕구나 노동자로서 권리를 챙기는 마음도 물론 있겠지만, 정말로 S가 죽을까 봐 걱정했어. 함께 당을 이끌던 S의 동료 정치인도 죽었잖아. 그리고 활동을 같이 하던 내 친구들도…….

(D-50)

잠수이별녀가 돌아온 기념으로 열린 전체 회의에 들어갔다. 왜냐. 나는 굳이 참석할 필요가 없었지만 안 가면 더욱더 고립되는 것 같아서.

회의에서 만난 아저씨 아니 할아버지들은 말했다. "거리로 좀 나가자. 하는 게 없으니 절박함이 안 보인다. 후보 코빼기도 안 보인다고들 한다." 완전 교장 선생님 말씀이다. 내용의 측면뿐 아니라 모두가 딴짓하며 집중하지 않는다는 점에서도.

그들이 "2030 청년들을 타깃으로 홍보해야 한다. 짧은 유튜브 영상을 만들자."라고 말하는데 막상 2030 당사자인 홍보팀 팀원들은 멍 때리고 있는 풍경. 그런 의식이 없나? 내가 하는 말은 늙은이의 시대착오적인 이야기고 지금 이 말을 함으로써 이 많은 엠지세대의 귀중한 젊음을 빼앗고 있다는 의식이? 그리고 뒷자리에 앉은 사람들 다 가수면 상태에 빠져 있는데 그것도 안 보이는지?

'선거 본부'라는 이름을 '상황실'로 '따운'시킬지 고민이라는 얘기도 했다. 저기요, 선거 본부든 상황실이든 얄라셩이든 이름이 뭔 상관이에요. 홍보물에 있는 명칭을 바꾸느라 디자이너의 업무만 늘어날 뿐이지.

앞으로는 원래 맡은 일과 상관없이 거리로 나가서 선거전에 참여해야 한다고 한다. 선거전의 핵심은 출근 인사니까 다들 8시에 피켓 들고 나오라는데, 뭐라고?

내가 당황하는 사이 다른 젊은 직원이 화를 대신 내 주었다. 노동자에게 계약과 다른 조건의 일을 시킨다면 근로기준법 위반이 될 수 있다는 말이었다. 나였다면 "전 일찍 출근하기 싫은데요."라고 했을 텐데. 오히려 다행이라고 생각하던 참에…… 항의에 대한 지도부의 답은 이랬다. 지금은 선거라는 비상 상황이다. 그러니 서로 양해하며 진행한다.

퇴근 직전에는 위원장과 면담했다. 내 월급만 다른 사람들보다 적은 것은 분명히 부당하니까 ○○당 노조를 통해 투쟁하자고. 다행이고 고맙다.

| 1월 18일 화요일

D-DAY
3월 9일 수요일

(D-49)

오……. 내 임금 문제에 대해 위원장이 ○○당 노조를 통해 싸우자고 했는데, 노조가 지금 없대. 정확하게 말하면 "노조가 결성되기는 했는데 여력이 없어서 금방 유명무실해졌"다고. 그래서 위원장이 해 줄 수 있는 것에는 한계가 있다고 한다.

알고 봤더니 나는 월 40만 원가량을 덜 받고 있었다! 그런데 그중 20만 원밖에 채워 줄 수 없다고? 무슨 말이냐. 정규직보다 비정규직 노동에 더 많은 임금을 지급해야 한다는 당의 원칙상, 임시직에게는 20만 원을 더 주고, 대선특별채용일 경우 이에 더해 20만 원을 또 추가로 줘야 한다. 그런데 내 경우는 임시직 인정은 받을 수 있지만, 대선특별직은 안 된다고. 그래서 후자로서 수급할 20만 원은 포기해야 하는데, 받아들일 수 있냐는 질문을 받았다.

거절하면 어떻게 되는 거냐, 고민해 보겠다고 했더니 돌아오는 말이 가관이었다. 지금 당장 결정해야 한다고. 내일부터 우리 팀에 새로운 직원이 들어올 건데 계약서를 써야 하기 때문이라고. 내 임금 체계가 결정되지 않는다면 그분을 고용할 수 없단다. 새로운 직원(이 될 분)은 바로 지금 내 눈앞에 앉아 있다. 그럼 수락하겠다는 말 이외에 내가 뭘 할 수 있지?

3주 동안 임금 교정에 대해 전혀 듣지 못하고 있었는데 갑자기 타협안을 듣고 즉시 수용해야만 한다니……. 내 입장에서는 나를 위해서가 아니라, 다음 직원 고용에 문제가 되니 급하게 만들어 낸 반쪽짜리 해결책을 받아 든 모양새다.

"받아들이겠습니다. 그리고 이 일이 당에 어떤 악재로 닥칠지는 두고 봐야 알겠지요." 짐짓 무게 잡고 대답했더니 위원장은 "대선특별직이란 대선까지 일하는 사람이 아니라 대선특별직으로 고용한 사람"이라며 당 기준이 그렇다고 말했다. 내 대답은 이랬다. "하지만 '동일노동 동일임금'이란 어떤 조건으로 계약이 되었든 같은 일을 한다면 같은 임금을 받는다는 뜻 아닌가요?" 공채로 왔든 제비뽑기로 들어왔든 같은 사무실에서 나인 투 식스로 똑같은 일을 하면 동일한 월급을 줘야 하는 것 아니냐고.

게다가 당에서 나만 임금을 적게 받는 상황은 아니래. 중앙당에도 임시직이지만 월 20만 원을 못 받는 직원들이 있대. 여성 선대본의 일부 직원들……. 그러니 우리 팀만 임시직이자 대선특별직 대우를 해 달라고 할 수는 없단다.

잠깐만, 다른 직원들도 부당한 임금을 받고 있기 때문에 나도 받아들여야 한다고? 연대 투쟁을 하는 것이 아니라? 여성이 임금을 적게 받게 되는 딱 그 문제잖아. 정해진 기준 없이 임금을 매긴다면, 더

1월 19일 수요일

D-DAY
3월 9일 수요일

달라고 요구하지 않는, 그럴 생각도 못하는 사람이 결국 낮은 임금을 받게 되잖아.(그게 나라니!)

그럼 이건 청년위원회의 문제가 아니라 ○○당 전체에 만연한 부정의란 말인데. 아…… 그냥 너무 피곤했다. ○○당에서 임금을 적게 받는 분을 찾아서 같이 투쟁하자고 말하고, 의견 조정하고…… 벌써 힘들다. 이래서 사람들은 굳이 싸우지 않는구나.(그게 나라니!)

내가 정당하게 받아야 할 돈을 다 받으면 다음 직원을 채용할 수 없다는데 뭘 어떻게 해. 그냥 그렇게 하겠다고 했다. 20만 원이든 40만 원이든 돈 때문에 이 투쟁을 시작한 게 아니라는 점은 나도 알고 너도 알 것이기 때문에. 아닌가? 그래도 마지막으로 볼멘소리를 했다. "또 여기서 이렇게 소수자 중의 소수자, 약자 중의 약자가 되는 거군요. 참 지겨운데."

(D-48)

건축가의 사무실 앞 바에서 그가 퇴근하기를 기다리며 와인을 마시는데, 임시 사무국장 M이 문제가 있다고 연락했다. 알아봤더니, 지나간 달 월급은 소급 적용이 안 된다고. 본래 2월엔 내 근무가 3개월 차라 상여금이 나오는데, 지금 계약을 임시직으로 전환하면 다시 1개월 차 직원이란다. 상여금은 못 받고 결과적으론 퇴사 때까지 내가 받을 총 급여가 줄어들어 손해라고.

그러니 지금 내가 '동일노동 동일임금' 투쟁을 하면 결국 투쟁하지 않았을 때보다 돈을 더 적게 받는 것이다! M은 그냥 원래 계약대로 갔으면 좋겠대. 이렇게 된 이상 내가 조금이라도 돈을 더 많이 받는 방향이 정의롭지 않겠냐고. 고민해 보라고 하길래 하룻밤만 시간을 달라고 했다.

아니…… 현실 정치 하겠다고 논문도 안 쓰고 나와 있었다고. 왜 나에게 이런 트롤리 문제 같은 윤리학적 선택지가 주어지는 거지. '동일노동 동일임금' 원칙을 실현하기 위해서는 내가 더 적은 임금을 받아야 한다는 거지. 게다가 본래 받아야

1월 20일 목요일

D-DAY
3월 9일 수요일

할 월 40만 원은 받지 못하고, 20만 원짜리 타협안에 합의하라고? 즉 내가 더 가난해진다는 말이잖아.

돈…… 돈 많으면 좋지. 얼마 받느냐가 중요해서 이 투쟁을 시작한 것이기도 하고.(그렇구나? 돈 때문에 시작했구나.) 근데 이제 와서 '잘못된 점 바로잡기를 포기하겠습니다!' 하기에는…… 그래, 가오가 상한다. 애초에 가오 아니었으면 이렇게 살지도 않았다. 그냥 새로 계약하고 돈 조금 받기로 하자, 그것이 나의 정의 아니었나 하고 결연하게 마음먹고 출근했는데……

오늘 와서는 또 어제 약속한 20만 원 임금 인상조차 해 주지 못한다고. '당 상부'(그게 어딘지 누군지도 모르겠다.)에서 말을 바꿨다고 한다. 이렇게 된 이상 어쩔 수 없다. 임금 인상을 요구하는 문서를 작성해서 당 상부에 보냈다. 당 사정이든 뭐든 봐 줄 수 없다. 그동안 일했는데 못 받은 월 40만 원까지 소급 적용해서 모두 받아 내겠다.

(D-47)

임금 투쟁하느라 바쁘고 진 빠져서 어제는 일기를 못 썼다. 간단하게 쓰겠다. 임시직과 대선특별직을 모두 인정하고, 첫 출근부터 소급을 적용해 월 40만원을 더 달라는 내 요구서를 받은 위원장, 그리고 옆에서 내 편을 들어준 M과의 대화는 이랬다.

위원장 이게 만약 안 받아들여지면 어떻게 하시겠어요?
나 그만둬야죠. 저는 짐 싸서 집에 갑니다.
M 그럼 저도 같이 그만둡니다.
위원장 바로 그만두는 건 아니고 다른 방안도 있죠. 파업이라든가.
나 아! 파업이 더 좋겠네요. 말도 더 멋있고…… 월급도 나오고…… 파업할게요, 그럼.

어제 오전 11시쯤 요구서를 전달하고 나와 M은 점심도 먹을 겸 임시 파업도 할 겸 사무실에서 나와 즉석 떡볶이집에 갔다. 어른이 되어도 스트레스

1월 21일 금요일

D-DAY
3월 9일 수요일

받으면 먹는 건 즉떡이구나 하며 웃었다. M이 곧장 나와 뜻을 함께해 주어서 고마웠다. 제안이 받아들여질 때까지는 아무 일도 하지 않을 계획으로 맥주도 함께 마셨다. 정의로운 삶의 비결은 역시 연대일까?

한 30분이나 됐을까. 연락이 왔다. 당에서 내 요구를 수락했단다. 결국 돌아가서 평소처럼 일했다. 내 인생 첫 파업은 그렇게 싱겁게 끝났다.(그냥 한 시간 일찍 점심을 먹게 되었을 뿐이잖아.) 복귀하자마자 들이닥친 업무는 대북 정책 관련 인터뷰 준비하기. 갑자기 대북 정책에 대해 라디오 방송에서 뭐라고 떠들지 써야 한다고요? 나는 다른 사람보다 최근 뉴스를 조금 더 볼 뿐인데. 아휴, 힘들었다. 논문도 이렇게 억지로 쓰면 잘 써질까?

단순히 내 요구안이 받아들여졌다는 이야기만 듣고 복직했는데, 구체적으로 어떻게 수용될지는 아직 모른다. 위원장과의 구두 약속이 있을 뿐이다. 일이 어떤 방향으로 진행될지 지켜봐야 한다. 피로하다.

(D-46)

데이트 상대가 H를 닮으면 이래도 되나 싶다. 이미 여러 차례 만난 만화가는 막상 실물을 보고 나니 H를 닮았더라. 실은 눈만 살짝 내놓은 사진을 보고 매치했다. 그 눈에서 누굴 떠올리지는 않았고 그냥 예뻐서. 이상하게도 조이를 돌릴 당시 옆에 있던 친구들이 프로필 사진이 날 닮았다고 했다. 그런가? 쌍꺼풀이 진하고 약간 튀어나온 눈이 나랑 비슷하긴 하다. 그럼 만화가는 눈은 날 닮고, 전반적인 이미지는 H를 닮은 것인가? 아니면 나랑 H가 닮았나? 연애하는 내내 한 번도 그렇게 생각한 적은 없는데.

　만화가는 심지어 목소리도 H와 비슷하다. 좀 억울하다. 닮은 사람을 만나고 싶었던 게 아니라고. 만나고 나니 이런 사람이라고. 스물다섯 살 이하의 금발 미녀와만 데이트하는 레오나르도 디카프리오가 된 느낌이잖아. 아니 그보다 끔찍할 수도 있다. 차여서 울고불고하더니 금방 전 애인과 똑같이 생긴 사람을 만나다니. 상대방 입장에서는 억울할 수 있겠다. 이 사람은 내가 과거에 만난 누구와도 다른 독립적 개체이니까.

1월 22일 토요일

D-DAY
3월 9일 수요일

어쨌든 데이트 상대에게 전 여자친구 언급을 하는 우를 범하지는 않았다. 전 애인 얘기를 많이 한다는 것도 레즈비언 연애의 클리셰 중에 하나다. 왜 그럴까? 그리고 나도 그럴까? 디카프리오는 똑같이 생긴 여자친구들을 갈아치우면서 죄책감은 느낄까? 죄책감까지는 아니어도 자기 성찰을 할까? 아마 안 하겠지. 그렇다면 굳이 내가 이런 생각을 하고 있어야 하나?

임금 투쟁이 어떻게 진행되고 있는지 몰라 전전긍긍하며 주말인데도 텔레그램 알림을 켜 놨다. 위원장에게 연락이 왔다. 지도부 회의까지 했으나 절차상 대선특별직 인정은 안 된다는 결론이 났대. 어제는 내 요구를 받아들인다고 해서 업무 복귀했는데? 왜 말이 계속 바뀌는 거지. 다만 현 계약으로 일하고 받는 급여와, 임시직과 대선특별직 모두 인정받은 상태로 동일 기간 일했을 때 받을 수 있는 급여의 차액은 계약 종료일에 그 부족분을 마련해 드리겠대.

여기에 동의할 수 있냐기에, 당에서 처리 방식의 부당함을 인정하는 것이냐고 물었다. 그렇대. 이 과정이 기록으로 남아 다른 노동자를 위한 선례가 될 수 있냐고 묻자 "당에서 임금 체계를 개편할 것"이라는 답변을 들음. 뭐 어째. 받아들여야지.

어쨌든 위원장도 고생이구나 하는 마음이 들었다. 문제의식에 공감하고 함께 논의해 주어서 고맙다고 말하고 마무리했다. 고되었다.

(D-45)

논술 준비를 한다고 《한겨레21》이나 《주간경향》을 구독하던 고등학생 시절부터 나는 대학에 들어가면 운동권에 속할 줄 알았다. 노동을 존중하고 소수자의 이야기를 들으며 자본주의 시스템을 경계하는 부류 말이다. 막상 대학교에 진학하고 마주한 운동권은…… (공교롭게도 유명한 '운동권 반'에 배정되었음에도) 재미가 없었다. 입학하자마자 동아리가 아니라 학회에 들어오라고, 같이 공부하자고 권하는 반 선배들을 피해 다녔다.

    왜 나는 운동권에 속하지 못했을까? 정말 책 읽기가 지루해서였을까? 마르크스 세미나에 한두 차례 가 봤지만…… 무언가 답답한 마음에 뒤풀이는 건너뛰고 먼저 귀가했다. 그렇지만 부채감과 죄책감을 간직한 채로 학부 시절을 보냈다. 같은 반 동기들이 '반도체 노동자의 직업병 피해 후원을 위한 장터'를 열면 모른 척 지나치면서. 오늘 시위가 있으니 학교 정문에서부터 같이 행진하자는 요청을 거절하면서.

    졸업을 앞둔 2015년, 정당에 가입해야겠다고 번개처럼 결심했다. 당비를 내고 싶었다. 사회 정의에

1월 23일 일요일

대한 책임을 외주 주어야겠다는 의도였다. 친구들은 ○○당 아닌 다른 진보 정당에 주로 가입해 있었다. 그 정당들까지 홈페이지를 찬찬히 살피며 고민하다가 결국 ○○당에 가입했다. 아무래도 S가 있으니까. 원내 정당에 힘을 실어 주고 싶으니까. 내가 꽤 보수적이라는 점을 이 순간 깨달았다.

당비만 내고 사회 운동을 외주 주기 위함이었으니, 직접 운동을 시작하고 난 이후에는 탈당해도 마음의 거리낌이 없어야 했다. 그러나 페미당당을 시작하고도 몇 년간 당적을 유지해 왔다. 아무래도 오래도록 사회에 기여해 온 '노동 운동'에 빚을 졌다고 느껴서겠지.

고작 한 달 만 원에 외주를 맡겨 놓고선 종종 ○○당에 노동권에 대해 신세를 졌다. 아르바이트비가 밀리면 노동청보다 ○○당 비상구(비정규직 노동 상담 창구)를 먼저 떠올렸고, 어머니 가게에 갑자기 철거 용역이 몰려왔다며 우는 친구를 위해서는 ○○당 해당 지역 위원회에 도움을 청했다.

그렇다고 ○○당에서 일하는 내 노동권이 보장될 것이라 기대하지는 않았다. 페미당당 연대 활동으로 만난 ○○당 당직자들은 다른 여성 운동 단체 상근 활동가들과 마찬가지로 밤낮으로 일했다. 일한 만큼 초과 수당을 받을 법한 노동자는 한 명도 없었다. 다른 모든 사람들처럼 나도 ○○당 노동권에 대해서는 냉소하고 있었다.

하지만 나는 ○○당이 나를 실망시키지 못하도록 노력할

것이다. ○○당이 노동권을 지키려는 나의 자발적인 시도는 굴복시키지 않을 것이라는 믿음을 여전히 품고 있을지도. 5시 50분에 업무를 지시할 수는 있겠지만 꿋꿋하게 6시에 자리에서 일어나는 나에게 눈치를 주지는 못할 것이라는, 비록 부당한 계약을 맺더라도 사후 문제 제기에는 응답할 것이라는 희망.

(D-44)

○○당의 당원이 된 지 1년도 지나지 않았을 때, 여성혐오 문제가 자꾸 터져 나왔다. 여성혐오적인 가사를 노래하는 밴드와 협업하겠다고 하지 않나, 그 결정에 반대하는 당내 기구의 성명을 입막음하지 않나. 다른 진보 정당도 사정은 비슷했다. 성범죄 문제가 공론화되지 않은, 그리고 이에 올바르게 대처하는 곳 또한 없었다.

  2015년과 2016년은 한국 사회에서 폭발적으로 페미니즘이 대중화된 시기다. 각종 진보 정당에서 여성과 소수자 문제에 대한 여러 고발이 있었던 것도 이 흐름과 밀접한 연관을 가진다. 본래 존재한 문제가 수면 위로 올라온 것이다.

  2016년 봄, 국회의원 선거철을 앞둔 나와 친구들의 머릿속에는 온통 페미니즘뿐이었다. 페미니즘은 이미 나의 사고방식을 바꿔 놓았다. 더 이상 혐오와 차별을 참지 않게 되었다. 그런데도 우리의 입장을 대변하는 정당은 여전히 없었다. 참을 수 없이 답답했다. "어떤 정당도 페미니즘을 중심에 두지 않는다면, 우리가 직접 만들자!" 창당은 결국 포기했고, 페미당당은 정당이 아닌 활동 단체로 자리 잡게 되었지만 이렇게 우리는 페미당당을 만들었다.

2016년은 페미당당뿐 아니라 많은 새로운 페미니즘 단체가 탄생한 해다. 우리는 그들 대부분과 활발하게 교류하고 연대했다. 대학생 시절 '학생 정치 조직'에서부터 시작해 자연스레 활동가로 일하게 된 이들과도 친구가 되었다. 그중 한 명이 낙태죄 폐지 집회를 함께 기획하다 던진 자조적인 농담이 기억난다. "페미니즘 운동 새로 시작하니 너무 어렵다. 학생 운동 할 때는 선배들이 정해 준 대로만 하면 되니 편했는데."

분명 '그럼에도 지금이 더 낫다'는 의도였다. 그러나 구조가 튼튼하게 확립된 조직에서 일해 본 적이 없는 나는 때로는 수직적인 의사 결정 체계를 경험해 보는 것도 나쁘지 않겠다고 생각했다. 편하면 어쨌든 좋지 않나. 효율적이라는 뜻이기도 하고.

실제로 전업 활동가를 둔 오래된 여성 단체들이 없었다면 우리는 시위를 열 수조차 없었다. 그들은 우리에게 깃발이나 확성기를 주문하고 집회 신고를 하는 방법을 알려 주었으며 사무실에서 앰프와 이동용 책상, 의자 등을 꺼내 왔다. 그들과 연대하지 않았다면 수많은 사람이 우리를 믿고 광장으로 나와 주지는 않았을 것이다.

만일 정당이 아니라 여성 운동 단체에 들어가 상근 활동가로 일했다면, 지금과는 다른 태도로 노동에 임했을까? 그랬을 것 같다. 역시 최저 시급을 받았을 테니 자진 야근은 안 했겠지만, 어느 개인이

1월 24일 월요일

D-DAY
3월 9일 수요일

아니라 페미니즘을 위해 일한다는 사명감에 '나'의 일로 여기며 더 의미를 두지 않았을까?

아닌가? 어떤 단체에서든 난 불만이 많았을까? 학생 운동에서는 선배를 위해, 시민 단체에서는 대표를 위해 일하고 싶지 않다고 악을 썼을까? 어쩌면 그랬을지도. 내가 남들 밑에서 일할 사람이 아니라거나 리더 타입이라서는 아니다. 그보다는 이름을 내건 누군가를 다른 누군가가 '뒷받침'하는 구조에 대해선 본능적으로 거부감이 든다.

(D-43)

위원장의 개인 페이스북에 내보낼 메시지를 정리했다. '이주 노동자 혐오'와 '대선에서의 무속 논란'을 짚어 보냈지만, "부모를 잘못 만난 거"라는 유력 정치인 자녀를 향한 김건희의 말에 대한 논평만 게시됐더라. 거대 양당이 정쟁을 벌이는 사이 "박탈감을 느꼈"을 평범한 청년도 동등한 기회를 누리는 세상을 만들겠다는 의도였지만, 좀 힘이 빠졌다.

미셸 오바마의 말처럼 "그들이 저급하게 행동하면, 우리는 품격 있게 대응한다."라는 방법으로는 안 될까? 정쟁 없는 정치는 불가능하냐는 말이야. 그런데 이렇게 싸우지 않으면 언론에서 관심을 안 가진다지. 그 현실을 모른 척한다면 나는 무지할 뿐 아니라 무책임한 직업인일 것이다.

선거 노동자로서 최대한 열심히 비난 글을 썼지만, 영혼이 빠져나가는 기분이네. 아! S한테 텔레그램으로 답이 왔다.

1월 25일 화요일

먼저 복귀하면서 제2당사로 인사드리러 가지 못해 미안합니다. 그때 어느 당직자께서 권했는데, 제가 일정 탓에 나중에 가겠다고 했습니다. 미섭 씨 글을 읽고 제 자신 한없이 부끄러웠습니다.

    이번 대선에 절박한 마음으로 함께하고 있는 많은 동지들을 기억하며 힘내겠습니다. 정성껏 지적해 주신 만큼, 화내 주신 만큼 온 마음으로 함께하고 계시다는 걸 알게 되었습니다. 그 덕에 감사하고 힘이 납니다.

    미섭 씨를 비롯한 우리 동지들 늘 기억하며 최선을 다할게요♥

메시지 맨 끝에는 하트 이모티콘이 붙어 있었다. 사과는 받았지만 좀…….

    신입 직원이 사장에게 직언을 하고, 답장까지 받을 수 있는 노동 환경이 어디 흔할까? 고마우면서도 하염없이 쓸쓸해졌다. 한없이 부끄러웠다는데 별로 그렇지 않아 보인다.(S는 친구가 있을까?) 정말 부끄럽다면 더 열심히 하겠다고 말하는 대신 '바뀌겠다.'라고 답해야 하지 않을까? 우리 사무실에 있는 다른 직원들에게도 사과하러 오고 말이야. 정치란 건 인간을 그렇게 만드는 것일까?

(D-42)

코로나에 걸렸다. 자가 격리를 하는 중이고 아프다. 그런데 휴가는 못 얻었다. 재택근무가 당연시되는 분위기다. 버틸 수 있을 때까지 버티는 성격이니 군말 없이 하겠지만……

지난 주말 건축가를 만나 섹스했다. 그의 친언니가 감기 기운이 있다고 해 설마 하면서도 마스크를 쓰고 다녔는데, 상태가 심상치 않아 여의도 선별 검사소에서 검사하니 코로나다. 바로 퇴근했고 당에서는…… 내가 코로나에 걸렸다고 전체 공지를 띄웠다. "청년위원회 심미섭 공보부장(왜 여기서는 부장이지?) 코로나 확진. 접촉한 당직자는 모두 검사받으십시오." 당 전체에서 내가 최초인가 봐. 하긴 친구들 사이에서도 내가 가장 먼저 걸렸다.

섹스하다 코로나에 걸렸다는 건 아무도 모르지만 어쩐지 찔렸다. 나 때문에 후보까지 감염되면 어떡해? 당장 대선이 코앞인데. 그는 마스크를 두 개씩 겹쳐 쓰고 다니던데. 다른 일도 아니고 조이에서 만난 사람이랑 섹스하다가 코로나를…….

감염은 개인 책임이 아니란 것을 누구보다 잘 안다. 개인을 비난하면 안 된다는 사실도. 몰라, 자기

1월 26일 수요일

D-DAY
3월 9일 수요일

검열을 하게 되네.

　당에서 나한테 말 한마디 없이 공지를 띄운 것도 웃기다. 확진자가 한국에 두셋이던 팬데믹 초기 그들의 인적 사항이며 동선을 당국이 언론에 다 공개하고, 전 국민이 비난하고…… 그런 사태를 ○○당에서 비판하지 않았나? 다들 검사받으면 좋으니까 공지는 낼 수 있지. 그렇지만 나한테 미리 물어봤어야지. 내 개인 정보를 사내에 모두 털어놓는 것에 당연히 찬성했을 텐데.(섹스하다 걸렸다는 점 말고.)

　설 연휴라 엄마네 가려고 예매한 기차표를 취소했다. 주말부터 시작되는 연휴에는 그럼…… 논문을 써야지. 집중이 잘되겠지? 말 그대로 집 안에 격리되어 있는 상황인데.

(D-40)

재택근무 중. 아침부터 선거 캠프 단체 텔레그램방에 정신병자임을 밝혔다. 홍보물에 '미친'이라는 표현을 쓰지 말자는, 고작 그 의견을 누군가 제시하자 어떤 중앙당 당직자 아저씨가 발끈해서 시비 걸길래.

"'미친 텐션'에 대해 그 정도까지 의미 부여를 하는 게 저는 좀 납득되지 않지만 한마디 적어 봅니다. '미치다'라는 표현이 그 자체로 욕설, 비하로 해석될 수 있다면, 홍보물뿐만 아니라 다른 데서도 자제하는 게 옳지 않을까요? '백제 문화가 일본에 영향을 미친 것으로 보인다.' 이런 표현도 쓰지 말아야 하지 않겠습니까? 의도와 달리 상처를 줄 수 있으니까요."

아저씨…… 우리의 시간과 노력이 아깝게시리 그런 말 좀 하지 마쇼,라고는 말하지 못했고, 정신질환자 당사자로서 그건 상처가 되는 말이 맞고 쓰기를 자중해야 한다고 한마디 했다.

팔자에도 없는 부동산 정책을 찾아서 정리하면서 하루를 다 보냈다. 청약 통장도 없는 주제에 용적률이 무엇인지 알게 되었다. 몰려오는 모든 일을 탁구공 내지는 테니스공처럼 쳐내고, 밥을 해 먹고, 냉장고와

1월 28일 금요일

D-DAY
3월 9일 수요일

바닥을 물걸레질하고, 논문을 못 읽었다는 죄책감과 함께 누웠는데, 아차…… 오늘까지 마감인 조교 업무를 잊고 있었다.

다시 일어나서 '성과 사회' 리포트를 채점했다. 다자 연애나 수간까지 다루는 진보적인 수업인데 자유 주제 리포트에서는 남성의 생물학적 우월성을 이야기하는 수준……. 하지만 조교가 자기 학생들 뒷담을 하는 건 좋은 처신이 아니다.

그 많은 일을 끝내고 누웠더니 3시가 되어 있었다. 지나치게 생산적으로 보낸 날엔 으쓱하지 않도록 노력해야 한다. 바쁜 하루는 좋은 하루가 아니다.

자가 격리의 장점:

재택근무하면서 화나는 일이 생기면 곧장 바닥에 드러눕거나 냉장고에서 아이스크림을 꺼내 먹을 수 있다.

(D-39)

오랫동안 나에게 상담이 꼭 필요할까 의심했다. 상담사의 일은 고해성사실 안에서 신부가 맡은 역할과 크게 다르지 않아 보였다. 아무에게도 털어놓지 못하는 비밀을 들어주기. 적어도 미국 영화에서는 그랬다. 그렇지만 나는 아무에게나 어떤 말이든 한단 말이다. 그게 나를 보호하는 오랜 방식이었다.

따로 사는 아빠가 집에는 내킬 때만 들어온다는 등의 이야기를 웃으며 하는 법은 엄마에게 배웠다. "숨길 게 뭐가 있어? 잘못한 것도 없는데." 엄마는 남부럽거나 남부끄러운 감정을 모르는 듯 보였다. 타고난 성정이 그런 사람일까? 당신 스스로 말하듯이 어렸을 때 사랑을 많이 받고 자랐기 때문일까? 요즘 말로 하면 자존감이 높아서? 아니면 그 솔직함은 스스로를 지키기 위한 무기일까? 어찌 되었든, 나는 그 무장을 그대로 물려받았다.

| 1월 29일 토요일

그럼에도 세상 사람들 대부분이 눈살 찌푸리는 이야기를 아무렇지 않게 말하려면 여전히 용기가 필요하다. 그 용기에는 상처가 뒤따른다. 아무리 작은 상처일지라도. 적어도 나는 그랬다.

그다지 친하지 않은 친구나 친척을 만날 때면

'또 커밍아웃 공격해야겠네.'라고 결심한다. 이런 식이다. 철학과 선배 결혼식에서 오랜만에 마주친 학부 시절 친구들이 예의상 묻는다. "어떻게 지내?" 쾌활한 척 대답한다. "레즈비언 하느라 바쁘지." 10여 년 만에 만난 친척 어른은 그렇게까지 궁금하지도 않으면서 물어본다. "남자친구는 있고?" 나는 답한다. "남자친구는 없고요. 여자친구는 있는데 얼마 전에 헤어졌어요."

왜 굳이 분위기를 박살 내야만 직성이 풀릴까? 이상한 유머 감각 때문일까? 그러나 언제 혐오 발언이 들려올지 몰라 초조해하기보다는 처음부터 괴상한 커밍아웃을 해 분위기를 서먹하게 만드는 편이 나았다.

페미니스트 활동가로서도 마찬가지였다. 얼굴을 밝히고 활동하다니, 위험하지 않냐는 질문에 나는 대답했다. "제 나름의 자기 보호 방법이 있어요. 모든 걸 다 공개함으로써 오히려 지키는 거예요. 한국 사람들은 대놓고 찾아와 괴롭히는 쪽보다는 온라인에서 음침하게 신상 털기를 더 좋아하는 것 같아요. 그래서 애초에 사생활을 다 내보이면 저한테 관심을 덜 보이는 듯해요. 물론 악플이 달릴 때도 있지만, 실명을 걸어 놓으면 고소도 할 수 있으니까요."

2017년, 루리웹에 '한 학생이 여자 김문수가 되기까지의 과정'이라는 글이 올라왔다. 어떤 이가 내 이름을 검색해서 나온 결과를 짜깁기해 소설을 쓴 모양이었다. 그 글에서 나는 서울대

본부 점거로 '정치'를 시작했다가, 마침 서울대 총장과 연이 깊은 박근혜 편을 들게 되어 탄핵을 반대하다가, 탄핵 이후에는 페미니즘 운동을 하게 된다. 그 글에 따르면 운동권이었다가 박근혜 지지자가 되었기에 나를 '여자 김문수'로 칭한 것 같았다.

경찰에 신고하기 위해 남초 사이트에 올라온 악플을 제보받던 시기였다. 이미 온갖 욕설과 희롱에 인이 박인 상황에서 좀 신선했달까. 화가 나지도 위협을 느끼지도 않았다. 좀 웃겼다. 남의 인생을 자신이 요약할 수 있다고 믿다니. 그래서 이렇게 공들여 글을 쓰다니. 이 경우는 논리 전개가 엉망이고 파급력도 없었다. 하지만 교묘하게 사실을 짜깁기하는 능력이 출중한 자가 남을 헐뜯는 취미를 가진다면, 정말로 그럴듯한 소설을 써 낼 수도 있겠구나.

비슷한 일을 몇 차례 겪고 나서, 읽고 쓰는 내용은 물론 무엇을 먹고 마시는지도 더 적극적으로 전시하게 되었다. 이는 자의식 과잉보다는 통제광적 태도에 가깝다. 다행히도 당사자성이란 여전히 상당히 강력해서, 내 이야기를 직접 공개하면 사람들은 일단 들어 준다. 그 이야기에 굳이 첨언하려는 욕구도 많이 줄어드는 것 같다. '벽이 통창으로 만들어진 집에서 지내기'라고 일컬어 온 이 전략은 지금까지는 꽤 효과적이었다. 트위터와 인스타그램에 사생활을 다 걸어 놓는 페미니스트 활동가로 무사히 살고 있다는 점에서.

(D-38)

중년 우울증에 대한 기사를 볼 때마다 나는 엄마에게 전달한다. 별 이상한 걱정을 한다는 듯이 엄마는 반응하지만. 나이 든 부모의 당뇨나 치매를 염려하는 자식들처럼 나는 항상 엄마의 우울증을 걱정해 왔다. 사실 엄마도 이미 아주 오래전부터 정신병을 앓고 있는데 인정하지 않고 살아온 것은 아닐까? 엄마도 상담을 받는다면 껍질을 깨고 눈물을 펑펑 흘리지 않을까? 엄마가 우는 모습은 여태 한 번도 본 적 없지만.

   엄마는 종합 병원에서 많은 시간을 보냈다. 큰 병을 앓으며 태어난 동생, 오래 암 투병을 한 할머니와 할아버지를 간병했다. 가끔 문병이나 가던 나도 병원 냄새에 진저리를 치는데 엄마는 어떻겠는가. 12년을 함께 산 강아지가 치매에 걸리자 엄마는 그를 꼬박 3년 간호했다. 엄마의 친구들은 할 말 못 할 말은 구분하는 분들이었음에도, 강아지 병 수발에 지친 엄마에게 안락사를 권할 정도였다. 그리고 아빠…… 어떻게 우울증에 걸리지 않을 수 있단 말인가? 강한 사람이라서?

   사람들은 나에게도 멘탈이 튼튼하다고 했다. 학부생 시절 인문대 건물 옥상에 올라가서 지나다니는 사람들을 구경했다. 친구나 선생님이 보이면 크게 소리를 지르고 손을 흔들어

인사하기도 했다. 어느 날은 인문대 학장으로 부임한 어느 교수가 언제나처럼 옥상에서 아래를 내려다보는 나를 보고 흠칫 놀랐다. 그다음 날 옥상은 폐쇄됐다. 함께 옥상에서 음악을 듣거나 담배를 피우던 친구들은 아지트가 사라졌다고 나를 탓하면서도 웃어넘겼다. "너 거기서 투신자살할까 봐 걱정돼서 그런 거 아냐? 교수님, 미섭이는 안 죽어요. 우리 다 줄 서서 떨어져 죽어도 미섭이 너만은 살아남을 텐데."

잘하는 사람이 아니라 버티는 사람이 대학원을 졸업한다고들 말한다. 그렇게 버티는 과정에서 얼마나 멘탈 터지는 일이 많은지도. 나는 입시용 자기소개서에 '정신이 건강하다.'를 적고 자신 있게 대학원에 진학했다. 그리고 첫 학기에 바로 우울증으로 질병 휴학을 하게 되었고……걸레짝이 된 멘탈을 붙잡고 아직도 졸업을 못하고 있다.

20대 중반까지 튼튼한 정신의 아이콘이었던 나도 우울증에 걸렸는데, 엄마도 그럴 수 있지 않을까? 시련을 겪는다고 우울증을 앓는 것은 아니지만 엄마는 특히 고생이 심했으니까.

엄마에게 트랜스젠더 업소에서 일하던 유튜버들의 인기를 설명한 적이 있다. 시청자 고민을 받아 상담해 주는데 어떤 사연에건 "얘, 그건 아무것도 아냐. 나는 있지." 하며 자신이 겪은 기상천외한 인생 이야기를 들려준다고. 산전수전 다 치르고 얻은 그들의 기갈에

| 1월 30일 일요일

D-DAY
3월 9일 수요일

사람들이 감탄하며 묘한 위안을 받는다고. 듣던 엄마는 대답했다. "나랑 똑같네."

우울증 발병도 가족력의 영향이 크다는 사실을 알게 된 이후로 그렇게 결론 내렸다. 나는 아빠 영향으로 우울증을 앓는 것이고 엄마 쪽에는 그런 유전자가 없나 보다. 엄마는 정말로 우울증이 아닐 수도 있다. 다행히도 아빠랑 피가 안 섞였으니까. 그렇다면 내가 그의 정신 건강을 걱정할 때마다 어이없다는 표정을 짓는 것이 방어 기제가 아닐 수도 있겠다.

(D-36)

"주 5일제 누가 한 줄 알아?"라는 말로 S가 욕먹고 있네. 사람들이 S가 국회의원이 된 건 2004년이었으며 주 5일제는 2003년 노무현의 업적이라고 한다. S는 당시 국회의원이 아닌 금속노조 사무처장이었다며.

어떤 상황이었는지 잘은 모르지만, 인권의 진보는 보통 수많은 사람의 협업으로 이루어진다. 주 5일제가 S가 '한 것'이 아니라면 마찬가지로 노무현의 공이라고도 말할 수 없지 않나. 오히려…… 어떤 스피커조차 쥐지 못하고 "아니 그거 내가 했는데!"라며 가슴 퍽퍽 치는 전현직 노동 운동가들의 모습이 바로 그려졌다.

나는 우리 세대 페미니스트의 대표적인 정책 내지 행정적 성취는 '낙태죄 폐지'라고 말하고 다닌다. 이는 내가 한 것인가? 나에게도 공이 있겠지만 내가 했다고 말하기에는 좀 민망하다. 뻔하지만 그 진보는 우리 모두가 같이 얻어 낸 것이고, 기술적인 면을 회고하자면 페미당당은 그 이슈에 대해서 재빠르게 대응하기는 했지만 뒷심이 좀 약했다.

박근혜 정부가 임신중지를 비도덕적 의료 행위로

| 2월 1일 화요일

D-DAY
3월 9일 수요일

지정한 그해, 폴란드에서는 보수 집권당이 어떠한 예외도 허용하지 않는 임신중지 금지 입법안을 냈다. 이에 저항하며 여성들은 대규모 파업과 시위를 진행했다. 재생산권을 애도한다는 의미로 검은 옷을 입고 모였기에 '검은시위'로 불렸다. 페미당당은 전 세계적인 낙태죄 폐지 운동의 불씨가 된 폴란드의 검은시위 운영단과 소통해 한국 최초로 검은시위를 조직했다.

첫 번째 검은시위 이후, 하루가 멀다 하고 페미당당 메시지함으로 "엄마 살고 싶어요."라는 내용의 말풍선이 붙은 태아 사진 따위가 들어오고 있었다. 심란한 마음으로 받은 메시지를 확인하는데, 레베카 곰퍼츠라는 네덜란드 의사에게서 연락이 왔다. 한국의 검은시위 뉴스를 반갑게 보았다며, 자신은 '위민 온 웨이브'와 '위민 온 웹'의 대표라고 했다. 각각 임신중지가 금지된 나라에 배를 띄워 공해상으로 항해해 임신중지 시술을 행하고, 임신중지를 원하는 사람에게 임신중지약 미프진을 제공하는 단체였다.

임신중지를 하려면 병원에서 직접 태아에 칼을 대거나 진공청소기 같은 기구로 빨아들이는 방법밖에 없는 줄 알았는데, 알약으로도 가능하다고? 세계 여러 나라에서는 이미 집에서 알약만 먹고선 임신중지를 하고 있었다니!

페미당당에 자신이나 친구가 임신중지를 꼭 해야 하는데 방법을 아느냐는 절박한 메시지가 매일 도착하던 시기였다.

위민 온 웹을 모르던 때는 페미당당 구성원이 임신중지 시술을 해 준다는 산부인과에 생면부지의 여성들과 함께 비밀스레 방문하기도 했다. 하지만 모두를 그렇게 도울 순 없다. 위민 온 웹과 협업하게 된 이후에는 아직 시간이 충분하다면 해당 사이트에서 미프진을 신청하라고, 수술만큼 안전한 방법이니 걱정 말라고 대답해 줄 수 있었다. 그 후로 페미당당은 미프진 국내 도입과 상용화를 위해 힘쓰게 되었다.

2019년 헌법재판소에서 '낙태죄 헌법불합치' 판결이 나고, 2021년 법이 폐지되기까지 페미당당이 종종 함께하기는 했지만…… 2018년 이후로는 사실 좀 뜸했다. 학부생 혹은 취업 준비생의 신분으로 페미당당을 결성했던 우리가 대학원생이나 직장인이 되어서 바빠지기도 했지만, 실은 활동 자체에 번아웃이 왔던 것 같다. 낙태죄가 폐지되었지만 한국은 여전히 임신중지 관련 의료 공백 상태라 여러 단체가 재생산권 논의를 이끌어가고 있는데, 여기에도 적극적으로 참여하지 못한다는 죄책감을 늘 품고 있다.

쓰고 보니 부족한 점만 늘어놓았네. 인터뷰에서는 "우리가 이만큼 많이 했어요!"라고 자신감 있게 말하는데, 혼자 회고하려니 아쉬운 점만 기억 난다. 그런데도 페미당당이, 내가 낙태죄를 폐지했다고 말할 수 있을까? S도 이런 상념에 그동안 가만히 있다가 지금에서야 "주 5일제 누가 한 줄 알아?"라고 괜한 허세를 부리는 건 아닐까? 아니, 내가 S라는 정치인을 너무 선해하거나 과소평가하고 있나?

페미당당을 막 시작했을 때는 위 세대 페미니스트 활동가를 절실하게 만나고 싶었다. 우리가 활동한 시기를 어떤 이들은 '페미니즘 리부트'라고 부르던데, 리부트라면 일단 전원을 다 꺼야 하지 않나. 1990년대 '영페미' 운동 이후 페미니즘 운동의 명맥이 끊긴, 혹은 그랬던 것처럼 기록된 시점이었다. 이 땅에 여성이 살면서부터 페미니즘 운동은 늘 존재했음을 믿어 의심치 않으면서도, 늘 맨바닥에서 시작하는 느낌이었다. 우리는 함께였지만 계보적으로는 외로웠다. 먼저 활동한 선배들, 엄마나 이모 같은 그들을 만나 조언을 구하고, 의견도 나누고, 가능하면 칭찬도 좀 듣고 싶었다.

그런데 막상 선배들 중에는 호주제 폐지든 영페미 운동이든 "아휴, 난 뭐 별것도 안 했다."라고 하는 분이 많아서 당황했거든. 이제는 그게 겸양이 아니라 연대의 표현이라는 걸 알지.

그럼에도 난 그냥 얼굴에 철판 깔고 "내가 했다!"라고 선언하고 책임져야겠다. '우리'가 했다고 하는 방법도 있겠고 당연히 그쪽이 더 진실에 가깝기도 한데, 수많은 우리들이 다 "내가 했다!"라고 **뻔뻔하게** 말한다면 더 좋겠다.

(D-35)

2019년 4월 헌법재판소에서 낙태죄 헌법불합치 판결을 내린 날에는 페미니스트 활동가들이 모여 거리에서 춤을 췄다. 우리는 "페미니스트가 승리했다."라고 외쳤지만, 완전한 승리는 아니라는 점은 모두가 알았다. 위헌이 아닌 헌법불합치 판결이었으므로, 2020년 말일까지 국회에서 대체 입법을 진행하라는 조건이 붙어 있었다. 2년 가까이 입법부에서는 어떤 법안도 진지하게 논의하지 않았기 때문에 2021년 새해를 맞아 낙태죄는 비로소 폐지되었다.

일단은 다행이었지만, 대체 입법을 하지 않았기 때문에 낙태죄가 폐지되었다니…… 국회의 게으름에 감사라도 해야 하나. 허무해서 마음의 갈피를 잡을 수 없었다.

그러다 친구에게서 울음 섞인 전화를 받았다. 자정에서 10분 정도 지나 새해 복 많이 받으라는 문자가 오가는 순간이었다. 친구는 몇 년 전 임신중지 수술을 받았다고 고백했다. 당시 남자친구가 뒤늦게 신고하면 어쩌나, 늘 불안한 마음을 품고 살고 있었다고. 낙태죄가 폐지되는 날을 마음 졸이며 기다렸다며, 안심할 수 있게 해 주어서 고맙다고 했다.

2월 2일 수요일

**D-DAY
3월 9일 수요일**

나에게 고마울 일이 뭐가 있냐고, 다 같이 노력해서 이룬 일이라고, 심지어 너는 페미당당이 시위를 열 때마다 참석해 주지 않았냐고 이야기하고 나서 조금 부끄러웠다. 진심으로 낙태죄 폐지를 모두 함께 만들어 낸 업적이라고 생각한다면, 내가 어떻게 감히 이 결과에 대해 실망하거나 허무해할 수 있을까? 이 정도는 시시하다고 평가하는 태도는 함께 투쟁한 친구들을 모욕할 수도 있는 일인데.

고백하자면, 가끔씩은 내가 더 당사자라고 느낄 수 있는 운동을 하고 싶기도 했다. 레즈비언으로 정체화하고 살아가면서 임신중지를 온전한 내 일로 여기기는 힘들었다. 물론 머리로는 알고 있었다. 임신중지권 투쟁은 생식 기관, 나아가 신체 전반에 대한 자기결정권을 쟁취하기 위한 싸움이라고. '낳을 권리, 낳지 않을 권리'나 '모두를 위한 낙태죄 폐지' 같은 구호를 줄줄 외고 다니면서도 가끔은 외로웠다.

그 전화를 받고는 더 이상 쓸쓸하지 않았다. 내가 하는 일이 정말로 친구들을 위한 것이었구나. 그동안은 말만 했지, 실제로 느낀 적은 없었다. 가까운 친구가 그렇게나 기뻐하는 모습을 보니 나도 내 일처럼 행복했다. 머리가 아니라 마음으로, 충분했다.

(D-34)

코로나 격리가 해제되는 동시에 설 연휴가 끝났다. 엄마 생일인데도 못 가 봐서 슬펐는데 동네 어린이들이 나 대신 효도해 주었다. 어린이들이 그를 좋아하는 걸 보면 엄마는 귀촌한 마을에서 엄격하지만 인자한 할머니이자 책 읽기 선생님으로서의 역할을 잘 수행하고 있는 듯하다. 나는 더 이상 어린이가 아니게 된 뒤에야 엄마를 좋아할 수 있었는데. 엄마가 어린이인 나를 별로 달가워하지 않았으므로.

"어린이를 좋아하시나요?" 엄마가 동네 어린이 만화방에 자원 활동을 하러 갔는데 관리자가 질문했단다. 엄마는 이렇게 대답했다고 자랑스럽게 전했다. "아니요. 좋아하지 않아요. 그러나 존중은 합니다."

멋진 말이다. 나도 나를 어린애 취급하기보다는 존중해 주는 어른이 좋았다. 그러나 엄마는 그러지 않았으면 했다. 엄마를 찾으며 눈물 흘리는 나를 어르고 달래며 어린애 취급해 주기를 바랐는데. 엄마는 엄한 표정으로 우는 나를 혼냈다. 그때는 외로운지도 잘 몰랐다.

대선 후보 토론회가 있는 날이었다. 노동자로서

| 2월 3일 목요일

D-DAY
3월 9일 수요일

아무도 혐오 발언을 하지 않기를 빌며 시청했다. 헛소리가 나오면 나 혼자 화내는 데에 그치지 않고 입장문까지 작성해야 하므로. 그런데 S가 윤석열에게 "정말로 성범죄자 안희정 씨 편이냐"고 물어서 "나랑 우리 아저씨는 안희정 편"이라는 김건희의 발언에 대한 사과를 받아 낸 것이다. 미안하다는 한마디가 나오기까지 윤석열이 얼마나 뜸을 들이던지. 윤석열뿐만 아니라 다른 후보들도 불편해하는 기색이 역력했다.

S에 대한 내 기대가 부족했구나. 페미니스트는 '저 여자 왜 저래?'라는 시선을 버텨 내면서 모두를 불편하게 하는 사람이지. 대선에서 꼭 다뤄져야 할 얘기를 먼저 꺼내 주어 고마웠다. 아무리 미지근한 사과라도 어떻게든 받아 내야겠다는 결심을 하게 되었고.

지난번 대선 때도 S는 토론회에서 많은 남자 후보들을 혼냈다. 문재인이 동성애에 반대한다고 하니 본인의 찬스 시간을 써 "동성애는 찬반의 문제가 아니다."라고 반박했으며, "설거지는 여자의 몫"이며 이는 "하늘이 정해 준 것"이라고 말한 홍준표에게는 "딸들에게 사과하라."라고 꾸짖었다. 그래, 꾸짖었다.

옳다거나 통쾌하기보다 왜 고맙다는 마음이 먼저 들었을까. 아, S는 하필 '딸들에게' 사과하라고 했을까? 그러면 나는 마치 영원한 빚을 진 듯한 기분이 든다. 어쩌면 그 두 순간 때문에 답도 없는 여기 선거 캠프에서 일하게 된지도 모른다.

S는 어떻게 말 한마디로 온갖 딸들을 다 얻었을까, 아들 엄마 주제에.

(D-33)

상담 선생님이 말했다. "미섭 씨는 페미니스트로서, 또 철학도로서 세상을 이해하는 틀을 분명하게 가지고 있죠. 그런데 어머니에 대해서는 아니네요. 미섭 씨에게 어머니는 신화적 영역에 남아 있어요."

세대를 넘어 말이 통하는 엄마, 이보다 더 귀한 자산이 어디 있으랴. 어느 시점에 자연스럽게 알게 되었다. 엄마와 페미니즘에 대해 대화했다고 하면 몇몇 친구들이 "엄마랑 그런 얘기를 해? 부럽다."라고 말했으므로. 택시 기사님이 명문대 들어간 딸내미 이야기를 꺼내듯 나도 엄마와의 대화를 자랑스럽게 언급하곤 했다. 엄마는 멋진 사람이었고, 그래야만 했다.

엄마는 내가 '독립적인 딸'이라 좋아했다. 엄마가 아픈 동생을 보러 병원에 가 있을 때도 불평하지 않고 혼자 잘 등교하는 딸. 고등학생 때는 분명 엄마가 입시를 꽤 도와주었는데도 나는 '뭐 한 것도 없는데 알아서 대학에 붙은 딸'이 되었다. 어른스럽다는 칭찬이 익숙했던 나는 그런 역할이 마음에 들었다.

그러나 성인이 된 나는 다른 누구보다 엄마 이야기를 많이 한다. 엄마는 나와 같은 책을 읽고, 내 또래가 보는 영화를 본다. 어느 독립 공간에서 페미니즘이나 퀴어, 이민자, 기후 위기를 주제로 전시가 열린다고 하면 누구보다 먼저 관련 정보를 보내 주곤 한다. 세대 격차 없이 대화할 수 있는 엄마. 때때로 자신의 부족함도 털어놓으며, 딸에게 새로운 사상 배우기를 자랑스러워하는 엄마. 엄마 얘기를 하는 게 딱히 유아 퇴행적이라고는 생각하지 못했다.

그런데 이상했다. 상담에서 엄마 얘기를 꺼내면 눈물이 났다. 딸 덕분에 세상에 뒤처지지 않을 수 있다는 엄마의 말을 인용하니 선생님은 심각한 표정을 지었다. "교묘한데요. 그런 언급 때문에 더 책임감을 느끼는 것 아녜요? 미섭 씨가 어머니에게 뭔가를 가르쳐 줄 필요는 없어요." 선생님은 엄마와의 관계를 재정립해야 한다고 조언했다. 나와 엄마는 강한 권력관계 속에 있다는 지적이자 정서적 독립에 대한 권유였다.

아마 얼굴을 찌푸렸을 것이다. 엄마를 버려야 한다니? 엄마라는 자산을 잃는다면…… 나는 무슨 이야기를 해야 하지? 세상이 나에게 유일하게 공짜로 준 것을 포기하라는 조언처럼 들렸다. 모욕적이었다.

엄마는 '친구 같은 엄마'는 아니다. 숟가락을 먼저 들면 밥상머리에서 혼을 내던 엄마가 갑자기 내 친구가 될 수는 없다. 동료라기에도 민망하다. 우린

| 2월 4일 금요일

D-DAY
3월 9일 수요일

수평적인 관계는 아니다. 오히려 내가 엄마에게 예속되어 있는 듯하다. 대체 이 세상에서 물려받지 않고 스스로 쟁취한 것이 있는지 의심스러울 정도로.

나는 늘 세대를 건너 무언가를 받을 수 있다는 점에 집착했다. 부동산 같은 값비싼 증여는 아니었다. 오히려 돈이나 땅을 물려받았다면 숨기려 했을지도 모르겠다. 내 주변에서 '쁘띠 부르주아'라는 말은 분명 모욕이니까. 그렇지만 이런 내가 가장 교묘한 속물은 아닐까? 귀걸이는 할머니 유품, 할아버지 댁에서 가져온 와인 잔, 어린 시절 내가 접한 책은…… 모두 엄마가 먼저 읽은 것. 그런 이야기를 나는 왜 했더라? 과시하기 위해서? 그러면서도 별로 비난받지 않을 방식으로? 아비투스를 비판하는 언어가 더욱 구체화되기 전에 재빨리?

20대에서 30대로 넘어갈 때 대대적으로 옷장 정리를 했다. 10년 동안 사 모은 옷을 거의 다 버렸다. 소매가 뜯어질 때마다 꿰매 입었던 자라 원피스는 이제 촌스러워졌고 홍대 빈티지샵에서 구한 빨간 코트는 다시 보니 부직포를 이어 붙인 것 같았다. 오직 할머니가 입던 재킷과 할아버지의 모자, 이모가 들던 가방만 남았다. 원단이 더 부드러웠고 박음질은 아직도 튼튼했다.

하지만 더 이상 입을 수 없는 것도 분명히 있다. 발목까지 오는 할머니의 밍크코트 같은. 왜 옷장에만 두냐는 어린 내 질문에 엄마는 "그걸 입고 지하철을 타는 것만큼 우스운 일이 없다."라고 했다. 난 그건 별로 상관없었다. 다만 모피를 두르고 시위에 나갈 수는 없다. 차마 말하지 않아도 친구들은 분명 못마땅해하고 있을 것이다. 어떤 유산은 마땅히 버려야만 했다.

(D-32)

내가 대학에 다닐 때 할아버지가 돌아가셨다. 엄마는 이제 고아가 됐다며 슬퍼했지만, 귀촌해서 혼자 지내게 되자 다소 냉정하게 굴기도 했다. "부모가 일찍 돌아가신 덕에 이렇게 살 수 있다. 내 나이대 친구들은 어머니 병 간호를 하느라 바쁘다."

    엄마는 이렇게도 말했다. "딸들은 왠지 자기 어머니 돌아가신 나이가 자기 수명이라고 생각한다." 내가 초등학생 때 할머니가 떠났으니, 엄마는 당신 인생이 얼마 남지 않았다고 생각할까? 다행히도 엄마가 그보다 오래 산다면, 나는 당연히 엄마를 돌보게 될까? 엄마가 할머니를 병원에 데려다주기 위해 그랬던 것처럼 운전면허도 따고 말이다. 조금 벌고 조금 쓰기 위해서 자식을 안 낳겠다고 마음먹은 지 오래지만, 엄마를 돌보는 데는 어쩌면 육아보다 많은 돈과 노력이 들 테다. 나는 그걸 감당할 준비가 되어 있나?

    막상 엄마는 한 번도 내가 나중에 자신을 돌봐야 한다고 말하지 않았다. 오히려 "치매 걸리면 오드리네 집 앞에 내려놓고 와. 오드리가 '불쌍한 우리 언니'라며 거둬다 돌볼 거야."라고 농담하기도 했다. 그럼에도 할머니와 할아버지의 항암 과정을 내내 함께한 엄마를 보면서 늘 생각했다. 엄마를 책임져야 한다. 남편이 있는 것도 아니고, 아들은 못 미덥고, 그렇다면 나밖에 남지 않는 것 아닌가.

내리사랑은 있어도 치사랑은 없다고들 한다. 과연 그런가? 부모는 종종 자식을 버린다. "너는 더 이상 내 자식이 아니다!"라는 말은 드라마에서도 흔하다. 그러나 "부모 없는 셈 치겠다."라는 표현은 생소하다. 부모는 자신과 다른 자식에게 실망하지만 자식은 부모가 자신과 다르다는 이유로 실망할 수 있나? 태어나면서부터 이미 자신과는 너무나도 다른 사람인데. 우리는 부모에게 별 기대를 걸지 않고, 그래서 부모를 웬만하면 내치지도 않는다. 자식이 부모를 버리기는 너무나도 어렵다.

학부 시절 영어 강의 시수를 채우느라 벨기에인 교수가 진행하는 한국불교 수업을 들었다. 한국에서 오래 재직한 그는 hyo(효)라는 개념을 어떻게 설명할지 오랫동안 고민했다고 고백했다. 강의실 반 이상을 채운 외국인 학생에게 그는 말했다. "기독교의 원죄 같은 개념인데, 그 대상이 부모다." 나지막한 탄성이 몇 안 되는 한국인 학생 사이에서 새어 나왔다.

아무래도 효를 죄에 비교하는 건 너무하지 않나. 하긴 효도에는 아무래도 자발성이 잘 없긴 하다. 너무 하고 싶어서 엄마에게 어버이날 선물을 한다기보다는, 그렇게 하지 않는다면 엄마가 실망할까 봐 두려워서 하는 마음. 그런 측면에서는 원죄와 비슷한가.

기독교도가 아닌 입장에서 원죄는 이해하기 힘든

| 2월 5일 토요일

D-DAY
3월 9일 수요일

개념이었다. 태어나면서부터 우리는 모두 죄인이라고?(아닌데?) 오직 인간이기 때문에?(엥?) 전혀 와닿지 않았다. 그렇다면 외국인 학생들에게는 바로 '효'가 그만큼이나 의아할까. 자식이 부모에게 고마움을 느끼는 만큼 빚을 지고 있다는 감각은, 긍정적이든 부정적이든 인간 무의식에 새겨져 있지 않나? 다른 나라 사람들에겐 아닌가. 나 지금 너무 한국인처럼 말하고 있나?

평생을 두고 회개해야만 하는 엄마에게 지은 원죄. 그 빚에서 내가 벗어날 수 있을까? 정말 아픈 엄마를 다른 누군가의 집에 두고 돌아올 수 있을까. 부모가 자식에게 하듯, "네 인생 네가 알아서 살아!"라고 엄마에게 소리 지를 수 있을까. 아니, 언젠가 엄마가 아프게 되는 날 말고 바로 지금. 미래를 계획할 땐 가장 큰 변수로 떠오르는 이와의 애착, 내가 생각하는 방식을 결정하는 데 가장 큰 지분을 차지하는 사람과의 권력관계. 두려움 없이 끊어 내고, 니체처럼 그를 죽이고, 비로소 초인으로 독립할 수 있을까.

(D-31)

 초과 근무는 안 한다고 못 박아 놓아서 아무도 나를 주말 행사에 부르지 않는다. 다만 오늘은 내가 조율한 행사가 있어서 다녀왔다. 오전에는 마포에서 테크페미와의 후보 간담회가 있었다. IT 업계에서 일하는 페미니스트들의 모임인데, 아는 사람이 속해 있어서 참석자를 모아 주었다. 오후에는 이랑이 국회에서 S를 만났다.

 '후보님'이 2030 여성을 만나고 싶어 한다기에 우선은 비위가 상했다. 뭐, 가져다 바치라는 건가? 그런데도 그 후보님이 중년 남성이었다면 하지 않았을 일을 했다. 친구들과 만날 수 있도록 최선을 다한 것이다.

 실은 후보가 그렇게 요청하지 않았어도 선거 캠프에 들어오면서 꼭 하고 싶었던 일 중 하나였다. 친구들을 S와 한자리에 모아 놓기. 얼굴 보고 사인 받으라는 의도는 아니고, 그들이 대화를 나누게 되기를 바랐다. 친구들이 자신의 이야기를 정치권에 전했으면 하는 목적에서였고 그리고…… S에게도 도움을 주고 싶었나? 왜? 그가 좋아서?

 엄마는 종종 말했다. 딸 있는 친구와 아들 있는

2월 6일 일요일

**D-DAY
3월 9일 수요일**

친구는 다르다고. 딸 있는 엄마는 딸하고 대화한 덕에 페미니즘 같은 진보적 사상에 비교적 익숙한 데다, 심지어 스마트폰조차 더 잘 다룬다고. 그러나 S는 '아들 엄마'지. 나는 그의 딸이 되고 싶었나?(헉) 그건 그에게 책임감을 느끼고 있다는 뜻이었나?

페미당당 친구들과 이야기하다 보면 '가모장 사회'에서 컸다고 말하는 경우가 많았다. 어떤 친구는 농담 삼아 "심지어 날 때리는 것도 항상 엄마였다."라고 했다. 우리 집도 그랬다. 아버지가 돈을 벌고, 어머니는 집에서 살림을 하는 사회상은 다른 세계 이야기처럼 낯설었다. 내가 아는 어머니들은 모두 집 밖에서 일하면서도 집안의 대소사를 챙겼고, 그에 대한 결정도 직접 내렸다.

우리 집에서 엄마는 가장이었다. 돈을 벌고, 나와 동생을 돌보고, 가정을 책임지는 일은 모두 그의 몫이었으니. 가모장, 가부장이라는 말로 나눌 필요도 없이 엄마는 그냥 하나뿐인 가장이었다. 너무나도 자연스럽고 당연하게 그랬다.

고등학생 때 S가 옆 동네에서 지역구 국회의원에 도전했다. '부드러운 리더십'이라든지 '고양시 엄마' 같은 정체성을 내세우지 않았다. 그는 금속노조의 얼굴이었고 진보 정당의 대표였다. '여성 정치인'이 아니라 '정치인'이고 '여성'이었다. 그 점이 좋았다.

여성 인권을 외치기보다는 이미 여성 해방, 아니 여성 상위 시대가 온 것처럼 구는 여자들을 신뢰하기. 남성 권력을 거세하기 위해 들고 일어나는 게 아니라 아예 세상에 남근이라는 게 없다는 듯이 살아가는 쪽을 동경하기. 그 태도의 근원에는 내 고유의 여성혐오가 있을지도 모르겠다.

    엄마에게 여자 혼자 아이 둘을 키우면서 힘든 점이 없었냐고 물어본다면 무슨 대답을 듣고 싶냐는 듯이 황당하다는 표정을 지을 것이다. 아, 맞다. 내가 여자였지? 그런데 뭐? 마찬가지로 테크페미 간담회에서 "여성 직업인으로서 차별받은 일이 없냐."라는 질문에 S는 찰나 꿈에서 깬 듯해 보였다. "저는 특별히 자신을 여성으로서 인식하며 살아오지는 않았습니다."라는 말로 입을 뗀 그를 보고 마음이 조마조마했다. 설마 성차별을 겪지 않았다고 이야기를 하려는 건 아니겠지?

    "지금 돌이켜 보면 늘 가부장 세력과 싸웠습니다. 대학생 때는 학생 운동에서 여학생들을 차별하는 데 반대해서 여학생회를 만들었고……"로 답을 이어간 S는 이내 숙련된 정치인답게 자신의 여성 복지 공약을 일목요연하게 소개하며 발언을 마쳤다. 친구들 볼 면목이 서서 다행이었다.

    S가 내 친구들을 대변할 수 있다면, 친구들의 이야기를 듣는 대통령이 될 마음이라면, 나도 최대한 열심히 해 봐야지. 한 달 남았다.

(D-30)

지난 2017년 대선 때 페미당당 친구들과 개표 방송을 함께 보며 'S 후보 베팅'을 했다. 하루가 멀다 하고 서로의 집에 모여 저녁을 같이 먹거나 조촐한 파티를 열던 시기였다. 메뉴는 뚜껑을 열기 전까지 내용물을 알 수 없는 나베 요리. S의 예상 득표율을 종이에 적어 놓고 식사를 시작했다. 내가 가장 먼저 6퍼센트를 적었고, 친구들이 9퍼센트부터 10퍼센트까지를 썼다. 너무 낮게 잡았나 싶어서 얼른 8퍼센트로 고쳐 놓았다. 뉴스에 나온 출구 조사 결과는 5.9퍼센트.

   잠깐 탄식한 우리는 침착하게 나베 국물을 떠먹었다. ○○당 당원인 내가 가장 낮은 수치를 예상했는데, 실제 결과는 그만큼도 안 나왔다. 실망하는 친구들을 보니, 내가 현실을 잘 파악했다는 판단조차 할 수 없었다. 뭐랄까…… 내가 가진 엘리트적 패배 의식만 자각하게 되었다.

   "내가 당원이라 좀 아는데, 어차피 안 돼." 학부 시절 운동권이라고 하는 남자 선배들에게서 많이 읽힌 태도였다. "야, 진보에는 미래가 없어."라거나 "학생 정치 조직은 어차피 망했는데……."라며 노력하는 이들을 힘 빠지게 만드는 태도. 내부자이고 당사자니까 그렇게 말해도 된다는 비겁한 특권

의식. 나도 그 선배들을 닮아 가고 있는 게 아닐까?

"S를 뽑으면 S가 됩니다."라는 말을 믿는 사람이 얼마나 있을까. 누구도 S가 지금 당장 대통령이 되기를 바라며 그에게 투표하지는 않는다. 다만 페미니스트로서, 퀴어로서, 노동자로서 대선에서 내 존재가 지워진다면 살 수 없겠다는 마음, 그 때문에 굳이 웃음거리가 될 사표를 내는 것이다.

인터넷에서는 다들 S가 좋지만 윤석열이 될까 봐 차마 못 뽑겠다고 한다. 나는 그런 이들을 딱히 설득하려 하지 않는다. 직무 유기일까? 두렵기 때문인 것 같다. 내가 얻어 낸 딱 한 표 때문에 윤석열 대통령이 탄생하면 어떡해?

연수와 오래간만에 만나 저녁을 먹으면서도 그런 걱정을 내비쳤다. 지난 설에 고향 부산에 가서, 이번에는 투표장에 안 나가겠다는 어머니를 "어차피 그럴 거면 그냥 S 뽑아 달라."라며 설득하고 왔다는 이야기를 들은 참이었다. "그런데 S 때문에 윤석열이 당선되면 어쩌지?" 연수는 굳은 얼굴로 나를 쳐다보았다. "무슨 소리야? 나는 지난 대선에 S 후보가 출마하지 않았다면 무효표 냈을 거야. 이번에도 마찬가지고."

아! 내가 오만했다. 캠프에서 일하는 중이니, 내가 가장 적극적으로 S를 지지하지 않겠냐고 생각했다. 그러나 뉴스를 통해 선거전을 지켜보는 친구들의 마음은 더 절박했구나. 나는 직접 몸이라도 굴리며 답답한 마음을 덜기 위해 선거 캠프에 들어오지

2월 7일 월요일

D-DAY
3월 9일 수요일

않았나. 뭐라도 하고 있다는 얄팍한 만족감으로 엉망진창인 대선을 어떻게든 인내하며 지켜보는 나와 달리, 그렇게 하지 못하는 친구들은 얼마나 초조할까.

"무효표라고 하면 좀 우습나? 어떤 애들은 '정치 혐오'라더라. 그렇지만 여성이고 퀴어인 내가 정치를 혐오하지 않는 이유가 바로 S인걸. 자기 이익에 따라서 말을 애매하게 한다고 정치인들을 싫어하잖아? '2030 여성' 표가 중요하다면서 여자들 편인 척했다가 금방 말 돌리고. 차별금지법 만들어야 한다고 했다가 동성애는 안 된다고 하고. 내가 무슨 정치인들이랑 썸 타니? 줄 듯 말 듯. 터키 아이스크림 아저씨도 아니고. 근데 S는 한결같잖아. 믿을 수 있고. 이런 사람 없었으면 난 정말 정치 혐오 했을 걸?"

한바탕 연설을 끝낸 연수는 민망한 듯 "뭐, 난 잘 모르지만." 하고 덧붙였다. 나는 너무 부끄러워 어쩔 줄 몰랐다. 이런 판국에서도 S를 뽑을 친구들은 절대로 다른 후보에게 대신 투표하지 않을 것이다. 그런 기대는 그들을 모욕하는 일이다. 내일 출근하면 더 이상 비겁한 태도로 일하지 말아야겠다. 연수를 택시 태워 보내며 다짐했다.

(D-29)

'대선통합소통방'이라는 텔레그램 단체방이 있다. 당직자들이랑 일부 높은⁽?⁾ 자리의 당원들이 들어와 있는 듯싶다. 사실 잘 모른다. 내가 이 당의 소통 체계에 대해 당최 무엇을 알겠는가?

졸리고 지루한 2시쯤 갑자기 작은 사건이 생겼다. "우리 더불어민주당, 국민의힘에 맞서 기울어진 운동장에서 싸우고 있지만 힘을 냅시다. 파이팅!"이라는 글이 올라왔다 금세 지워졌다. 채팅창이 잠시 술렁거렸지만, 다들 화가 아니라 실소를 터뜨리는 분위기.

아니……. ○○당에 더불어민주당 스파이가? 굳이? 여기에? 뭘 얻으려? 정말 벼룩의 간을 빼먹으려고 하네. 벼룩의 간 때문에 판도가 바뀌는 게 선거지만, 진짜로 빼먹으려면 이보다는 더 치밀해야 하지 않나.

어느 당이나 체계는 허술하고 스파이는 있는 것 같다. 심지어 ○○당 소속 스파이도 있나 보다. 인터뷰를 할 때면 반복해서 들어오는 질문이 있다. '세 후보의 정책 비교'는 그중 하나로, 여기에 대한 답변을 준비하는 건 중요하다. 부동산 정책, 여성 정책, 교육 정책 등등. ○○당 정책 모음집은 받긴 했지만 다른

| 2월 8일 화요일

D-DAY
| 3월 9일 수요일

당의 경우는 하나하나 검색해 보면서 답변을 작성해 왔다. 일이 조금 익숙해지자 이전에 썼던 문서를 열어서 복사-붙여넣기를 하는 경우도 많았다. 어디서 들어오는 인터뷰든 질문은 비슷비슷하므로.

우리 당에서조차 누군가는 나와 똑같은 업무를 하고 있을 텐데. 한 명이 딱 정리해 놓고 공유하면 좋을 일이지만 소통…… 그놈의 소통이 안 되는 바람에 매번 무에서부터 다시 시작하기를 두 달. 어느 날 갑자기 표로 정리한 3당 정책 비교 자료가 내 손에 떨어졌다. 문서 출처는…… 국민의힘 대선 전략실이었다. 누가 어떻게 구했는지도 모르겠지만 그때부터 내 일의 효율은 훨씬 좋아졌다.(국민의힘 직원들은 나보다 돈을 많이 받을까?)

6시 땡 치고 컴퓨터 끄고 정리하고 지하철 타러 가는 길에 핸드폰에 메시지 도착 알림이 떴다. 내일모레가 마감인 자료를 "한 데까지" 달라는. 이미 퇴근한 난 이 메시지를 읽지 못할 공식적인 권리가 있으므로 무시하도록 한다. 내일 아침 9시에 출근하자마자 보내야지. 그나저나 '한 데까지 달라'니 졸업 논문을 검사하는 지도 교수가 할 만한 말이다. 마감 직전까지 참고 문헌만 계속 읽었을 수도, 줄글이 아니라 휘갈겨 쓴 메모로만 작성 중일 수도 있는데. 지금 어디까지 했냐는 물음은 사람을 너무 긴장하게 만든다.

퇴근하면서 논문을 읽으려고 했는데 한 글자도 들어오지

않는다. 말 같지도 않은 말들, 예컨대 보수 유튜버가 내뱉는 언어로 뇌가 피곤해진 탓에 공들여 써낸 글을 못 읽게 되었다. 너무 어이없고 억울하다. 구형으로 반질반질 깎은 돌 같은 글만 읽으면서 살고 싶다.

(D-28)

S 후보 홍보팀과 둘러앉아 비건 마라샹궈를 시켜 먹었다. 전원 여성으로 구성된 그 팀은 나처럼 잠깐 일하고 나갈 사람들이 아니다. S가 처음 국회의원 선거에 나갔을 때부터 함께했다고 한다. "저 고양시 출신이에요!"라고 아는 척하니 반가워해 주셨다.

곧 시작될 유세가 궁금해서 이것저것 물었다. ○○당에는 직접 지역구에 출마하는 당직자도 꽤 있다고. 젊은 여자 당원이 출마하고 선거 유세를 하면 도대체가 후보 취급을 못 받아서, '후보 본인'이라고 쓰여 있는 조끼를 입고 다닌다는 이야기를 들었다. 성희롱을 당하거나 혐오 발언을 듣지는 않았을까 내가 다 조마조마했다.

대단하다. 혹시라도 정치에 도전할 계획이 없는 가장 큰 이유는 바로 그 유세에 자신이 없어서다. 지역구에서 유세를 나가면 텔레비전에서 보는 것처럼 시장 상인들에게 이것저것 얻어먹는 장면이 연출된다고 한다. 때로는 거절을 못해, 비건인 후보가 고기를 받아먹었다가 나중에 토하는 일도 생긴다고.

"S 정도 되면 그래도 할 말 할 수 있죠." 그들의 목소리에는 자부심이 실려 있었다. 지역 잔치에 참석했는데 '의원님

오신다고 특별히 준비한' 개고기를 권유받으면, S는 "아휴, 나 좀 이따가 국회 가서 개 식용 금지법 발의해야 해요!" 하고 거절한단다.

 청소년 시절 목격한 S는 차도를 건너가는 사람이었다. 지역구 국회의원 선거에 출마한 그가 도보를 걸으며 유세하고 있는데, 저기 한 차선 너머에서 차에 탄 시민이 아는 척을 하더라. S는 냉큼 차도를 건너 그 시민의 손을 덥석 잡았다. 전생의 연인이라도 만난 것처럼 반가워하는 그 모습에 나는 그를 좋아하게 되었다.

 소탈하다거나 친근해서는 아니다. 그보다는 사람을 믿는 기백이 대단해 감탄했다. S는 살면서 성추행을 안 당했을까? 당연히 당했겠지. 아무리 여장부여도 사회는 그렇게 녹록지 않으니. 그런데도 어떻게 여전히 세상에 관대할 수 있을까?

 점심 식사는 "왜 선거 캠프에 들어오셨어요?"라는 질문으로 마무리됐다. 지난 대선에서 1분 찬스를 쓴 S에게 진 빚을 갚으려 한다고 대답했다. 고등학생 때 본 모습이 좋았다고, 학원 거리를 돌아다니는 유세 차량 위에 웬 아저씨가 아니라 우리 엄마 같은 사람이 있어서 반가웠다는 말도 함께.

 이를 닦고 자리에 앉아서 다시 생각하니, 엄마랑 S는 나이 빼고는 비슷한 구석이 없다. 엄마는 키가 크고 시원시원한 느낌. S는 그보다는 더…… 아니다. 외모 이야기를 해서 무얼 하나? 아무튼 나는 S에게서

| 2월 9일 수요일

**D-DAY
3월 9일 수요일**

엄마를 겹쳐 봤다. 왜? 그러고 싶었기 때문에?

　엄마는 나에게 한 번도 우산을 가져다준 적이 없다. 그래도 원망한 적은 한 번도 없다. 엄마는 바쁜 사람이었다. 마두역에서 수서역으로, 3호선의 끝과 끝으로 출퇴근했고, 집에서도 늘 모니터와 독서대 위 교정지를 번갈아 보면서 일했다. S의 아들은 S에게 "엄마는 내가 좋아, 금속노조가 좋아?"라고 말하며 울었다지만, 나는 그럴 수 없었다. 이 일화를 듣고 그래도 S는 자식의 투정을 받아 주나 보군 싶었다. 거기까지 생각이 미치다니, 나는 그의 아들이 부러웠나?

　엄마에게 투정을 부리고 싶은 적은 딱히 없었다. 다정한 엄마보다는 냉정한 보호자가 더 멋지다고 생각했을지도 모르겠다. 아닌가? 그저 평범하게 응석을 받아 주기를 바랐을지도 모르겠다. 엄마도 S도 모두 강하고 바쁜 사람들이었다. 두 사람 다 바깥일을 했다. 하지만 엄마는 나를 키우기 위해서 일했다. 반면 S는 내 권리를 위하는 일을 했다. 말뿐일지라도 나라는 존재를 위하는 일이었다.

　S는 지난 대선 토론에서 두 번이나 내 편을 들어 주었다. 도저히 갚을 수 없는 빚을 지게 된 것 같았다. 그 말고도 나를 대변할 수 있는 이는 많다. ○○당의 여자 정치인이라면 대부분이 그랬다. 그러나 S만큼 권위 있는 사람은 없었다. 그는 세상을 혼쭐내고, 망신 주고, 가르치며, 바로잡을 수 있었다. 평소에는 이미 여성 해방 세상이 온 것처럼 호쾌하고 관대하게

일관하면서도, 중요한 순간에는 내 편이 되어주는 사람. 그런 엄마를 원했던 것 같다.

아냐, 이런 생각은 우리 엄마에게 너무 불공평하다. 만일 S가 나의 엄마였다면, 그는 우산을 가져다주었을까? 잘 모르겠다. 반대로 엄마가 대선 토론회에 나갔다면, 다른 후보 아저씨들을 혼내 주었을까? 분명 그랬겠지! '작은 일'은 '큰일'보다 어려우니까. 그런 역설은 내가 누구보다 잘 안다. 페미니스트 활동가로서.

수환은 선배에게 들은 이야기를 전해 주었다. 동아리가 모여 있는 학생회관에서 퀴어들은 다른 어떤 동아리 소속 학생들보다 기가 세다고. 아무리 유서 깊은 운동권 동아리가 뭐라 하든 대놓고 무시한다고. 그러나 항상 담배 연기가 새어 나오던 페미니즘 동아리방의 '언니들'에게는 뼈도 못 추렸다고. "봐. 운동권은 정부나 대기업이랑 싸우잖아? 누가 봐도 악의 세력. 그런데 페미니스트들은 가족, 친구, 교수님…… 주변 사람들이랑 맨날 치고받고. 좀 힘드니? 그러다 그리 강해지는 거지."

진보 정당을 이끌며 국정 감사에서 기업인들에게 소리치는 일은 어디서나 높게 평가받는다. 그러니 '나랏일'을 하는 보호자는 '집안일'에는 좀 소홀해도 된다고 생각하게 될지도 모르겠다. 아들을 실망시킨 사연이 S의 흉보다는 미담에 가깝게 소비되듯. 그러나 우리 엄마는, 고작 가족 하나 먹여

살리려고 일을 한 엄마는 우산 하나 가져다주지 않았다고 지금까지 딸내미한테 원망을 듣는 것이다. 상사에게 소리 한 번 못 치고 일하며 더 고생스러웠을 텐데.

그래, 그렇게 생각하니 마음이 풀렸다.

(D-27)

국회 정문에는 빨간 카펫이 깔려 있다. 나는 그 카펫을 한 번도 밟은 적이 없다. 나 같은 일꾼은 옆문 혹은 뒷문으로 들어가야 하기 때문이다. 그 규칙이 괘씸해서 어떻게든 정문을 통과하려고 몇 차례 시도해 봤다. 그때마다 경호원들에게 가로막혔고, 나는 매번 처음이라 몰랐다는 듯 어벙한 얼굴로 돌아섰다. 국회의원이 뭐라고 그들의 구두 바닥만 카펫을 짓이길 수 있단 말인가? 내가 혹여나 국회의장이 된다면 그 카펫부터 치우고 모든 노동자와 방문객이 정문으로 출입할 수 있게 하겠다!

   국회에 간 건 '피선거권 연령과 출마 기탁금 하향'을 위한 토론회 때문이었다. 토론회가 열리면 나는 위원장이 읽을 토론문 쓰기부터 현수막 걸고 명패 뽑기, 자리마다 생수 깔기까지 다양한 일을 한다. 참, 국회 청소 노동자들이 ○○당 의원들과의 오찬에서 행사에 250밀리리터 생수를 비치하라고 요구했다는 사실을 아는가? 한 모금 마시고 남겨지는데 500밀리리터 생수병을 다 비워서 버리기가 힘들다는 이유에서다.

   오늘도 결국 뒷문으로 들어갔는데, 거기 있는

2월 10일 목요일

D-DAY
3월 9일 수요일

보안 검사대에선 칼이나 가위처럼 날카로운 물건을 압수하고 엑스레이 검사도 한다. 웃긴 건 플래카드의 문구까지도 다 검사받아야 한다는 것이다. 행사명이 쓰인 현수막일 뿐인데. 누가 '국회의원 모두 자폭해라.'라고 쓰인 플래카드를 들고 국회에서 시위라도 한 적 있나?

　토론회에는 각 정당의 청년 정치인들이 자리했는데, 보수 정당에서 온 남자애가 출마 기탁금을 하향할 필요가 없다고 주장했다. 공직에 출마하기 위해 돈을 수천만 원 내는 행위는 자신의 의지를 유권자에게 보여 주는 수단이라는 것이다. 세월호 배지나 무지개 목걸이 등을 줄줄 단 다른 청년 정치인들 사이에서 반짝거리는 정장을 입은 그는 계속 말했다. "저도 지방 의회 선거에 출마할 때 부모님께서 1억 2000만 원을 빌려주셨습니다. 40퍼센트 득표로 기탁금을 돌려받을 수 있어 무사히 갚았습니다만……"

　뭐 이런 사람이 다 있어?

(D-26)

갑자기 중앙당으로 부르더니 바람막이와 패딩 중 하나를 골라 가져가란다. 방 하나가 꽉 들어찰 만큼 겉옷이 줄줄이 걸려 있길래 얼결에 패딩을 들고 왔다. 이걸 입을 일이 있을까?

점심쯤 나온 선전전 일정표에 내 이름이 쓰여 있다. 아침저녁 서울 모처로 패딩 입고 나오라고? 당황스럽다. 책상에 앉아 있는 것보다는 유세가 재미있겠지만, 지난번 전체 회의에서 계약할 때 합의된 일이 아니면 강요할 수 없다는 의견이 나오지 않았나? 그런데 아침 8시까지 지하철역으로 와서 출근 인사를 하고, 업무 마치고도 저녁 7시까지 퇴근 인사를 하라고? 그럼 저의 출근과 퇴근은요? 역시 노동자인 저의 출퇴근길 안녕은 누가 챙겨 주죠?

몇 년 전에 최저 임금 운동을 하는 사람과 한 대화가 떠올랐다. 이렇게 쓰니 너무 미지근하네. 내가 그 사람을 좋아해서 졸졸 쫓아다니며 이것저것 주워들은 시절이 있었다. 그는 정말 바쁜 와중 짬을 내 나를 만나 줬는데, 내가 약속 장소에 도착할 때까지 "잠깐 눈 붙이고 있을게요." 하고 벽에 기대 자고 있을 정도였다.

그가 잠에서 깰 때까지 기다렸다가 물었다.

2월 11일 금요일

"시간당 최저 임금 1만 원을 주장하는 활동가의 시급은 만 원이 넘나요?" 만 원이 뭐야, 시급 300원도 안 되어 보였다. 그는 갑자기 눈을 빛냈다. "저희끼리 결의했어요. 모든 노동자가 시급 만 원 이상 받게 되면 우리도 그렇게 받자고."

당시에는 그 말이 멋져 보였다. 그에게 다섯 번도 넘게 차이며 정신이 들었나. 아니면 그가 속한 최저 임금 단체가 수직적이고 강압적인 '언더조직'이었다는 내막을 알게 되어 그랬나. 계기는 기억이 안 나지만 '내가 가장 나중에'라는 유의 입장은 운동하면서 가장 경계하게 되었다.

내가 페미니즘으로 인권 운동을 시작해서 그럴 수도 있다. 페미니즘 운동은 당사자 운동의 성격이 강하고, 활동가는 그 누구보다 페미니스트일 것을 요구받는다. 노동권을 주장하며 자신의 노동권을 희생하는 일은 그러려니 하지만, 페미니즘을 말하며 페미니스트가 아닐 수는 없는 것이다. 오히려 그 당사자성이 자기 검열로 적용될 때가 많긴 하지만…….

자유로운 섹스를 하겠다고 조이를 통해 데이트를 해도, 운 좋게도 만난 첫날에 섹스를 하자는 요청에 화들짝 놀라 도망가지 않는 상대를 만나더라도, 그 사람이 진짜로 섹스를 원하는지, 중간에 마음이 바뀌지는 않았는지를 나는 끊임없이 확인한다. 자신의 욕망을 직설적으로 말하는 태도를 죄악시하는 한국에서 이 과정은 정말 곤혹스럽다. 동시에 내가 무언가를 원한다는 바로 그 점만으로도 상대방을 압박하고 있지는 않은지 계속 고민해야 한다. 이렇게까지 이 섹스가 '합의된 것'인지를 전전긍긍하며 확인하는 이유는…… 페미니스트로서의 의무감 때문도 맞지만…… '페미니스트 활동가 심미섭이 저를 강간했습니다.'라는 공론화 트윗을 눈만 감으면 상상할 수 있기 때문이다.

　다시 돌아가서, 일부 노동 운동가의 그 결벽성에는 절대 공감할 수 없다. '결벽성'이라는 표현은 부적절한가. 더 많은 임금은 더러운 게 아니잖아? 그걸 주장하기 위해 활동하는 거잖아? 내가 가장 먼저 시급 만 원을 받으면 뭐 어때. 자신의 노동권은 업신여기며 남의 노동권이 귀중하다고 설득하려는 태도보다는 나을지도.

　내가 말했지! ○○당에서도 당내 활동가들이, 적어도 대선 캠프에서 일하는 직원들만이라도 주 4일 근무하면 참 좋았을 텐데. "우리 노동자들은 주 4일만 일합니다. 그런데도 대통령 선거를 치를 수 있어요!"라고 보여 준다면, 그 어떤 언론전보다도 얼마나 설득력 있어. 내가 주 4일만 출근하고 싶어서 그런 건 아니고. 사실 그것도 맞아. 바라면 안 돼?

　아무튼 선전전? 내 노동권을 침해하고는 있지만 아침 인사는 나름 할 만할 것 같아. 대선용으로 개사된 「미스터 츄」와 「오로나민C」 안무를 익혀 오라고 동영상 자료도 보내 줬단 말이야. 이런 가오 빠지는 경험을 언제 또 하겠어. 근데 퇴근 후랑 주말엔 안 되지. 섹스해야 하는데.

(D-25)

종종 생각한다. 노동 운동이, 예컨대 공장에 위장 취업을 해서 경찰에 쫓기거나 크레인 위에 올라가 고공 농성을 하는 방식의 운동이 '진짜 운동'이 아닐까. 10대에는 S를, 20대에는 김진숙을 보고 자라며 모름지기 활동가라면 만국의 노동자를 이끌어야 한다는 편견이 생겼다. 그에 비하면 여성 운동은 쩨쩨해 보였다. 그들은 '여자 대표'가 아니라 '대표'였다. 노동 운동계라는 남초 사회의 대표. 그 '진짜 대표'들이 여성인 덕에 내 편견이 열등감에서 비롯되었음을 외면할 수 있었다.

청소년기에 읽은 신문과 잡지에는 잊을 만하면 S의 얼굴이 실렸다.(지금 돌아 보면 국정 감사 시기였다.) 삼성 그룹 비리를 파헤치는 독보적인 국회의원이자 구로동맹파업을 이끌어 10년간 수배 생활을 한 그. 남학생은 회장, 여학생은 부회장을 맡는 그림이 익숙했던 나에게 S는 '진짜' 같아 보였다. 들러리 혹은 구색 맞추기용으로 여자에게 던져 주는 감투를 쓴 사람이 아니었다. 성별과 무관하게 최고로 강하고 멋진 사람이었다.

대학교 2학년이 되는 해에 나는 축구부 매니저 자리를 제안받고 거절했다. 남자애들끼리 공을 차는데 왜 관리는 여자가 해야 하는지를 물으니 아차 싶었는지 "매니저는 축구부의 얼굴이잖아." 같은 변명을 늘어놓는 모습을 보며. 어색하게 웃으며 자리를 떴지만 모욕적이었다. 그해 김진숙은 한진중공업에 정리 해고 전면 철회를 요구하며 크레인 위로 올라갔다. 1년 내내 희망버스가 부산으로 향했다. 김진숙은 분명 노동권 투쟁의 얼굴이었다. 그 자리는 '진짜'였다. 그는 한국 최초의 여성 용접사였고, 민주노총 지도위원이었다. 노동 운동의 대표이자 상징으로서 높은 곳에 선 노동자 김진숙을 보니 울분이 조금 가셨다.

　사회 운동의 주류를 이루는 노동 운동계에서 인정받지 못하면 반쪽짜리 운동인 것 같다는 열패감을 페미당당 친구들에게는 털어놓지 못했다. 이렇게 말하는 사람이 있다면 도리어 나는 아니라고 펄쩍 뛸 것이다. "해일이 몰려오는데 조개나 줍고 있다."라며 페미니스트를 비난하는 이에게 페미당당은 늘 "여성혐오가 바로 해일이다." 혹은 "우리는 해안에서 마지막으로 남겨진 이까지 구조하려는 사람들이다."라고 반박해 왔으니. 그러니 누군가는 이같이 고백하는 내게 실망하겠지. 종종 '그건 진짜 사회 운동이 아니야.'라는 의심의 목소리가 내 속에서 들린다고.

　페미당당 결성 초기 정말로 창당을 하기 위해 활동가와 정당인들을 모아 큰 회의를 주최했다. 우리가 늘어놓은 창당 계획을 들은 엄마뻘의 진보 정당 여성위원회 대표는 정당 정치를 그렇게 하면 안

2월 12일 토요일

D-DAY
3월 9일 수요일

된다고 꾸짖었다. "우리 당이 어떻게 전국 정당이 된 줄 아느냐. 지역 풀뿌리 운동부터 시작한 것이다." 그 말에 어떻게든 창당부터 하고 보자는 우리의 의지는 치기 어리게만 느껴졌다.

○○당에서도 지역 활동이 진짜 사회 운동이고 정치라는 주장이 만연하더라. 여성위원회나 성소수자위원회 활동으로는 중앙당에서 인정받기 힘들고, 존중받는 정당 정치인이 되기 위해서는 빚을 내서라도 지역구에 출마해야 한다고 했다. 선거 사무실을 차리고, 평일에는 누구보다 일찍 일어나 지하철역에서 출근 인사를 하고, 주말에는 동 대항 족구 대회에서 내가 속한 지역구를 응원해야만 '진짜 정치인'이라고.

'여기서는 성추행을 당할 가능성이 얼마나 될까.'를 기준으로 인생의 모든 결정을 내려 온 내가 '진짜 정치'를 하기는 불가능했다. 페미당당이 그때 자신감을 잃지 않고 페미니즘 정당을 창당했다면, 노동 아래에 여성, 소수자, 생태 등을 두는 진보 정당 조직도를 뒤집어서, 페미니즘 아래 한 분과로 노동을 두겠다는 계획을 실현했을까? 그러면 나는 조끼를 맞춰 입고 처음 보는 아저씨들 사이에서 재롱을 부리지 않고서도 '진짜 정치'를 할 수 있었을까?

(D-24)

페미당당은 사실상 개점 휴업 상태다. 친구들은 각자 삶을 살아가느라 바쁘다. 함께 살듯이 가까이 지내며 시위를 기획하던 우리는 이제 1년에 두세 차례 열리는 생일 파티에서야 겨우 만난다. 그뿐으로도 나는 다행이라고 생각한다. 페미당당은 활동 단체인 동시에 친구들과의 공동체였고, 나에게는 공동체로서의 측면이 더욱 중요했다.

그럼 우리의 사이가 원만하게 유지되느냐. 그건 전혀 아니다. 우리는 싸우는 중이거나, 이미 싸워서 서로에게 앙금을 남기고야 말았거나, 아예 안 보는 사이가 되었다. 페미니즘에 대한 견해가 갈려서는 아니고, 사적인 이유 때문이다.

요즘은 집회에 혼자 페미당당 깃발을 들고 나간다. 다른 친구들도 마찬가지다. 가끔은 민망하다. 페미당당으로 별다른 활동을 하지 않은 지 몇 년은 되었는데, 큰 집회라고 깃발을 올려 숟가락 얹는 듯이 보이지는 않을까. 그래도 1년에 한두 차례라도 시위에 연대하며 페미당당을 이어 가려고 한다.

대외적으로는 '오래된 페미니즘 단체가 많지는 않은데, 우리가 어떻게든 버틴다면 그 자체로 의미

2월 13일 일요일

D-DAY
3월 9일 수요일

있어서' 페미당당을 지속한다고 말한다. 하지만 사실 페미당당 친구들을 위해서다. 지금은 서로 말도 안 하는 사이지만 페미당당 깃발 아래에서 다시 만나게 되지는 않을까 하는 기대에서, 여전히 그들을 생각하며.

열심히 페미당당 활동을 하던 시기, 우리는 회의나 집회만큼이나 같이 밥을 먹고 클럽에 가는 일을 중시했다. 매일 안부를 나누고 식사를 함께하는 우리가 가족 같다고도 느꼈다. 하지만 '대안 가족'이라는 표현은 적절하지 않았다. 완벽한 가족을 갖지 못해서 이 공동체를 대안으로 선택한 것은 아니었으니까. 애초에 가족이 어떤 기본값도, 이상향도 아니기를 바랐다. 동성애가 '대안 이성애' 혹은 '대안 성애'가 될 수 없듯이.

다만 '가족 같은 사이'처럼 우리는 지긋지긋하게 질긴 인연으로 맺어져 있다. 나는 언니가 없지만 친자매가 있다면 이런 관계가 아닐까. 인스타그램을 차단하고 10년, 20년 동안 연락을 끊었던 언니에게 수혈이 필요하다면, 한 치의 고민도 없이 내 팔을 내줄 것 아닌가.

그나저나 만화가에게 문자가 왔다. 내일 만나기로 해서 떨린다고. 내 마음은? 솔직히 누가 나에게 설렌다고 하면 기분이 좀 안 좋다. H가 더 이상 설레지 않는다며 곤도 마리에처럼 나를 내다 버렸기 때문에. 떨림이나 설렘 같은 감정은 일시적일 뿐이니까. 그러나 미섭아, 타인은 각각의 자아와 개성을 가진 서로 다른 존재야…… 모두가 H는 아니라고. (하지만 나는 여전히 난데?)

(D-23)

늦잠을 자서 10분가량 지각. 당직자 전원을 불러 모은 줌 회의가 열렸는데, 사무실에 있는 모두가 카메라를 켜고 이어폰 한쪽만 낀 채 다른 일을 한다. 나에게는 무슨 청년위원 대선 토론회 준비를 세 시간 만에 해야 하는 미션이 떨어졌다.(물론 참석은 위원장이 한다.) 어디서 어떻게 하는 토론회인지도 모르는데 주어진 질문만 보고 답변을 준비했다. 아무리 공약집을 읽어도 ○○당이 발표한 부동산 정책을 파악하기 어렵다. 정책 담당 직원들에게 전화했더니 "내 분야가 아니다." 또는 "그런 정책이 있었나? 나는 알지도 못했다."라는 답만 돌아왔다.

유세 관련 회의도 했는데 게이맨 동료분들이…… 진심으로 유세에 나가고 싶어 한다. 춤도 벌써 다 외웠대. 한 분은 10년 전에 민주당 대선 춤꾼 아르바이트를 한 경력까지 보유하고 있대. "레즈비언 클럽에서는 대다수가 춤을 안 추고 가만히 서 있어요."라고 하니 놀란 표정이 돌아왔다.

선거 캠프에 취직하며 예상해야 했나. 패딩을 입고 아침 유세를 하거나 지방행 버스에 실려 유세 트럭에 오르거나. 당연한 미래를 왜 상상하지 못했나. 정치를 「웨스트 윙」으로 배웠기 때문. 선거 캠프에서 가장 역동적인 업무는 재빨리 복도

걷기와 후원금 요청 전화 돌리기 정도인 줄 알았던 것이다!

헉……. 만화가를 만났는데 초콜릿을 선물 받았다. 미리 예약한 파인다이닝 식당에도 데려가 주었다. 밸런타인을 챙김 당하는 건 처음이다. 나도 뭔가를 해 줘야 하나. 이 생각이 가장 먼저 들었다. 아마 이런 마음을 '부담'이라고 하겠지.

만난 지 얼마 되지도 않아서부터 그는 나에게 계속 좋은 무언가를 대접하려고 했다. 글쎄…… 나도 그에게 정성을 다하기에는 애정이 아직 부족하다. 마냥 받아먹는 성격도 못 되니까 나도 비싼 걸 사 주는 식으로 복수한다. 그럼 로맨틱한 데이트가 아니라 제로섬 게임이잖아. 혹은 부치 가오 대결.

난 계속 물어보았다. 나에게 뭘 원하냐고. 그런 거 없대. 그 말을 곧이곧대로 믿어 버리기에는 이 친구가 얼마 전 이렇게 말했다. "너는 지금 다른 사람도 많이 만나잖아. 그중 누구를 엄청나게 좋아하게 되어서 더 이상 날 안 만나 주면 어떡해?" 그럼 그냥 독점 관계를 맺자고 하든지?

내가 만화가를 좋아하든 아니든 그냥 이 상황에 짜증이 난다. H를 처음 만났을 때랑 비슷한 양상이기 때문이다. 반세기가 지났는데 또 이러는구나. 어쩌다가 애인 되고 지지고 볶다가 상대가 먼저 지쳐서 떠나는 똑같은 역사는 반복하지 않을 것이다.

| 2월 14일 월요일

D-DAY
3월 9일 수요일

(D-21)

지난주 금요일, 퇴근 30분 전에 갑자기 '비혈연, 비결혼 가족의 주택 복지' 청년 공약 쓰는 업무가 떨어졌다. 아무런 자료도 없이. 제가 레즈비언 당사자이긴 한데요, 주택 복지 정책에 대해 늘 고심하며 살지는 않거든요. 그리고 연구 자료도 참고하지 않고 제 머릿속에서 공약이란 걸 뽑아내도 괜찮나요?

"○○당 대통령 후보는 동성결혼을 합법화하겠다."라고 홧김에 써 버렸다. 옆에 앉은 동료가 보더니 헉했는데, S를 포함해 ○○당에 속한 개인이나 성소수자위원회 등에서 동성결혼 법제화를 위한 의지를 보이기는 했지만 대선 공약으로 명시한 적은 없다고 했다. 따라서 이것이 ○○당 최초의 동성결혼 대선 공약이 되어 버린 셈이지. 동료가 "그냥 넣어 버리세요."라고 응원해 주길래 그대로 제출하고 퇴근했다. '알아서 거르겠지.'라고 생각하며.

그런데 오늘, 그 공약이 후보 이름 달고 보도 자료로 나가 버린 것이다. 대다수가 ○○당은 찬성할 거라고 여겼을 텐데, 그럼에도 동성결혼 합법화 추진이 지금껏 한 번도 공약화되지 않은 현실은 미묘한 내부 투쟁의 결과겠지. 그런데 '왜 퇴근 직전에 나한테 이런 거 시켜?' 하는 어느 직장인이 그냥 공약으로 넣었고 발표까지 되어 버렸네. 어쩌겠나. 독일 통일도 이런 식으로 얼레벌레 됐다며.

    어젯밤에는 유세 차량 가스 사고로 안철수 선본의 노동자 두 분이 돌아가셨다. 선거 버스로 불법 개조한 것이 원인이라고 한다. 예전에 J 의원이 "하루에도 여섯 명이 출근했다가 퇴근하지 못"한다고 할 때 나는 부끄럽게도 야근을 떠올렸다. 산업 재해로 세상을 떠난 노동자를 이야기하는 것이었다. 선거 운동을 하다가 갑자기 목숨을 잃게 될 거라고 대체 누가 짐작했겠는가? 일하다 죽는 일은 어디에서나 생기는구나.

| 2월 16일 수요일

D-DAY
3월 9일 수요일

(D-20)

미디어국(이라고 해 봤자 국장이자 국원인 단 한 명이 끌고 가는 조직이다.) 일이 너무 많아 보이길래 유튜브 영상에 한글 자막을 달겠다고 자청했다. 내가 하겠다고 안 했으면 청각 장애인용 자막 없이 배포할 모양새라서. 굳이 일을 찾아서 하는 태도가 현명하지는 않지만, ○○당에서 장애인 접근권을 무시해서 되겠는가.

출근하자마자 간단한 뉴스 현황 정리만 하고 집에서 챙겨 온 줄 이어폰을 컴퓨터에 연결해서 자막을 달고 있는데, 오른쪽 귀가 평소보다도 더 안 들린다. 안 들린다기보다는 3000원짜리 이어폰을 사다 낀 것처럼 먹먹하다. 고장 났나? 이어폰의 왼쪽, 오른쪽을 바꿔서 껴 보고 심장이 덜컥 내려앉았다. 귀에 큰 문제가 생겼구나.

사무실에는 마침 아무도 없다. 코로나 확진자가 나와서 다른 팀 사람들은 재택 중이고 우리 팀은…… 모르겠다. 왜 아무도 없는지. 점심시간을 조금 당겨서 쓰겠다고 하고 근처 이비인후과에 갔더니 큰 병원으로 가란다. 지금은 갈 수 없다. 근무 시간이 한참 남았는데? 나는 이 직장에서 반차든 뭐든 어떻게 쓸 수 있는지도 모르는데?

아냐, 그래도 어떻게든 응급실에 가야겠어. 누가 뭐라 할 수 있겠나? 이렇게 텅 빈 사무실을 떠나는 일조차 마음에 걸리다니 웃기다. 수많은 사람들이 큐비클 속에서 자판을 두드리는 곳에서는 조퇴가 얼마나 어려울까?

서울대병원 응급실에서 순서를 기다리다가 만화가에게 연락이 왔다. 귀가 갑자기 안 들려서 응급실에 왔다고만 보냈는데 많이 놀랐나 보다. 지금 바로 오겠단다. 애를 진정시키고 말리느라 진을 뺐다.

그런데 왜 오지 말라고 했지? 부담스러워서? 응급실은 혼자 버티기는 힘든 공간이다. 친구들이 응급실을 찾을 때면 늘 함께 있어 주러 갔다. 정작 나는…… 공황을 겪는 줄도 모르고 심장이 멈춘다고 생각했던 시절에 몇 차례 갔는데 항상 혼자였지만. 힘든 공간에 굳이 다른 사람을 부르고 싶지 않아서…….

금방 차례가 왔다. 임신 테스트를 먼저 해야 한다기에 순순히 오줌을 받아 왔다.(저는 동성애자입니다!) 뇌 CT를 찍고 청력 기관에 외상이 있는지 귀에 내시경을 넣어서 들여다보고…… 원인을 못 찾았나 보다. 간호사 선생님을 따라 두세 층을 오가면서 청력 검사를 하고…… 서너 시간을 보낸 후에 복용하던 양의 네 배는 되는 스테로이드를 받아 나왔다.

몸이 고장 났구나. 난 항상 이랬다. '괜찮은데?

2월 17일 목요일

**D-DAY
3월 9일 수요일**

별로 힘들지 않은데?' 하다가 갑자기 일어나지 못하거나 눈물을 멈추지 못했다. 박근혜 정부 퇴진 시위에서 매주 페미존을 운영하던 당시 대학원 첫 학기를 다니고 있었다. 종강이 가까워진 어느 날, 수업에 가지 못하고 학교 로비 소파에 꼼짝없이 누워 눈물을 줄줄 흘렸다. 온 힘을 손끝에 집중해서 겨우 카톡으로 친구들에게 연락했다. 구하러 와 달라고. 같은 학교를 다니던 페미당당 친구들이 달려와 나를 정신과에 데려갔다가, 우리 집에 눕혀 주었다. 한동네에 사는 고등학교 동창들에겐 피자를 사 주며 같이 있어 달라고 부탁했다. 동생의 큰 수술을 앞두고 엄마까지 병원에서 머무느라 집에는 나뿐이었다.

며칠 후 집으로 돌아온 엄마는 재활용함에서 피자 박스를 발견하고 어이없어 했다. "동생이 아픈데 친구들을 불러서 파티를 했냐." 이내 사정을 듣고 친구들에게 딸을 돌봐 주어 고맙다고 전하라고 했지만.

대선까지 3주 남았다. 이 일을 그만둘까? 대선 캠프에 들어간다는 내게 친구들은 약속한 듯 말했다. 관두고 싶으면 언제든 관둬. 내가 친구들에게 항상 하는 말이었다. 그래, 그렇게까지 열심히 일할 필요는 없다. 내 직업이 김정은의 핵가방을 지키는 일이 아니라면.

내일 연차 쓰기로 했다. 앞으로는 스트레스 취약성을 지병으로 받아들이고 살살 살자. 진작 이래야 했다. 근데 어떻게 살아야 무사히 잘 사는 거지? 엥, 난 괜찮은데! 그리고 갑자기 응급실. 이 반복되는 패턴 중간에 뭘 더해야 하는지. 일단 집에 있는 시간을 절대적으로 늘려야겠다. 다음 주부터 자유로운 데이트 잠정 중단합니다.(헉, 이렇게 만나던 사람들만 만나며 모노가미의 세계로 가는 건가? 체력 부족 이슈 때문에?) **어쨌든…… 어라? 싶으면 빨리 퇴근하고 응급실 가야 하나 봐. 모든 노동자에게 그럴 수 있는 권리를.**

(D-19)

일어나자마자 침대 옆쪽 벽을 쾅 쳐서 소리가 잘 들리나 확인해 보았다. 다행히도 무사하다. 너무 오버했나 싶지만 겉으로 드러나는 증상도 아니고, 하루아침에 내 귀가 완전히 고장 날 수도 있다는 공포는 나만 아니까.

종일 잤다. 회사에 다니면서 그리 무리한 것 같지도 않은데 왜 이리 피곤하지. 데이트를 하느라 기력이 다 빨렸나? 무슨 대여섯 명을 동시에 만나는 상황도 아니고.

저녁이 되어서 정신이 조금 돌아오니, 꾀병일지도 모른다는 자기 검열이 시작되었다. 귀에서는 끊임없이 우웅 소리가 나고, 청력은 안 돌아오고, 갑자기 자세를 바꾸면 어지러워서 침대에서도 미끄러지듯 내려오는 주제에. 그런데도 회사에 가기 싫어서 어떻게든 용을 쓰고 있는 건 아닌가 하는 의심이 드는 것이다.

그러나 알지. 출근하기 싫어서 병이 났다면, 그건 진짜 병이다! 즉 꾀병도 병이다. 스트레스는 만병의 근원이고, 의식적으로나 무의식적으로나 스트레스에 따르는 반응은 질병의 일환이거나 질병의 바로 앞에서 스스로를 지켜 내려는 시도일 테다.

본인도 몸이 좋지 않은데 내 휴가를 허락해 준 위원장에게 이렇게 메시지를 보냈다.

안녕하세요.

어제는 제가 너무 놀라고 겁이 나서 사무국장님 통해서 사정을 전했는데 직접 말씀을 드리고 싶어서요.

활동하면서 저나 친구들이나 스트레스성 질환을 여러 차례 겪었는데, 귀가 갑자기 안(덜) 들리는 일은 처음이라…… 공포감이 커서 당장 쉬어야겠다는 생각이 들었습니다. 제가 없으면 가장 곤란하실 텐데 이해해 주셔서 감사합니다.

어제 조퇴하면서도 역시 몸이 안 좋으신 위원장님이 가장 먼저 걱정되었어요. 캠프에서 일하게 된 제게 친구들은 하나같이 "네 몸을 제일 먼저 챙겨라."라고 해 주었습니다. 저보다 오래 활동하며 많은 조언을 들으셨을 거고, 당에 소속감이 크니까 그러기 힘드시겠지만…… 그래도 본인 건강을 꼭 우선으로 챙기라는 말씀을 드려 봅니다.

주말까지 부디 무사히 일정 마치시기를 바라며 다음 주에 뵙겠습니다!

2월 18일 금요일

(D-17)

엄마가 농담 삼아 지정한 우리 집 가훈은 '금문'이었다. 금할 금(禁)에 문월 문(文). 아마 아빠와 아빠의 생활 방식을 타박하는 엄마만의 방식이었다. 글을 쓴다고 자기 인생만 망치면 상관없는데 남의 삶까지 좀먹으니 문제라고.

    학부생 시절, 낭만을 찾는 문학청년류의 철학과 남자애들이 나에게 몰려왔다. 내 아빠가 작가라는 이야기를 들었다며 "그런데 너희 집은 어떻게 먹고 살았어?"라고 물었다. 무슨 대답을 원했던 걸까. 작가도 가정을 꾸리고 살 수 있다는 말이 듣고 싶었나? "엄마가 벌었지."라고 대답하니 그 애들은 실망했단 듯 돌아갔다.

    가장은, 즉 우리 집의 큰 어른은 언제나 엄마였다. 그렇게 말하기도 민망하다. 아빠는 한 달에 두세 번 예고 없이 가끔씩만 집에 들르는 사람이었다. 물론 생활비는 한 푼도 주지 않았다. 그래도 엄마는 한 번도 아빠를 탓하지 않았고, 나는 오랫동안 아빠가 좋은 사람인 줄 알았다. 조금 더 자라선 자식 앞에서 남편 욕하는 꼴을 보이고 싶지 않다는 엄마의 교육 방침임을 깨달았지만.

    아빠가 감옥에 들어갔다는 소식을 뉴스로 접하고 당황하고 분노하는 동시에 슬퍼하는 나를 보며 친구들은 의아해했다. "당연히 네가 아빠에 애정이 없을 줄 알았다.", "눈물도 아깝지 않냐." 하지만 그전까지 나는 아빠를 딱히 싫어하지 않았다. "애들이 제 아빠를 싫어할 이유가 없지 않아? 때리거나 폭언을 하는 것도 아닌데."라고 엄마가 종종 말했기 때문일까.

집에서 부재했음에도 아빠는 그 이상의 인정을 받았다. 책장에는 아빠의 책뿐만 아니라 어느 사진가가 '문인 초상 연작' 중 하나로 찍은 그의 사진이 놓여 있었다. 엄마는 잘 쓴 글을 말할 때면 아빠의 간결하면서도 깊이 있는 문장을 꼽았다. 실은 자신이 다 고쳐 주었다는 덧붙임 또한 빼먹지 않으며.

우리 집에 만연한 아빠에 대한 관용은 가부장제에서 비롯했다고 보긴 어려웠다. 그보다는 '예술가'라는 삶의 방식에 대한 전통적이고 낭만적인 용인이었다. 엄마가 문학을 판단하는 기준은 확고했다. 아름다움을 위한 문장을 써내는 경우 일류, 흥미로운 이야기가 돋보인다면 아무리 대단해도 그보다 아래. 사회 문제를 직접 다루거나 하는 참여 문학은 가장 밑이었다. 엄마는 모든 면에서 진보적이었지만, 문학의 순수함이나 예술가의 고유성을 따질 때만큼은 확고한 보수주의자였다.

고등학생 시절 어떤 유명 작가의 책을 읽는데 엄마가 말했다. 그 사람은 책을 잘 파는 것에만 관심이 있어서, 원고를 편집부 여직원들에게 주고 마음대로 바꾸라고 한다고. "그 사람은 경영학과를 나와서 그렇다고 너희 아빠는 예술가로도 안 치잖아." 엄마는 아빠의 냉소를 그대로 전했다. 그렇지만 당신 또한 그 '편집부 여직원'이었잖아요. 얼마나 많은 작가들이 엉망에 가까운 글을 원고라고 보내는지를, 당신이 그걸 자르고 다듬지 않았다면 책으로 완성되어 나올 수 없었다는 점을 수차례 말했으면서.

    문창과 재학 시절 촉망받는 학생이었다는 엄마에게 나는 종종 물었다. 글을 쓰고 싶지는 않았냐고. 엄마는 대답했다. "귀를 자른 고흐가 행복하겠니, 고흐 그림을 보는 내가 행복하겠니." 창작에 대한 엄마의 태도가 거짓이나 기만은 아니었다. 그러나 단지 원하지 않아 쓰지 않았을 뿐이라면, 무책임한 아빠에 대한 그 불가사의한 너그러움은 무엇에서 기인한 것일까.

    나는 자라며 아빠가 글을 쓰는 모습을 단 한 번도 목격하지 못했다. 그러나 집에 있는 단 한 대의 컴퓨터로 엄마는 매일 원고를 고쳤다. 몇 달을 그렇게 보내고, 엄마가 몸살이 날 지경이 되어야만 비로소 책이 나왔다. 택배로 도착한 책을 나는 자랑스럽지만 또 분명히 혼란스러운 마음으로 살펴보고는 책장 한 칸에 넣었다. 아빠의 이름으로 가득 찬 칸이었다.

(D-15)

귀는 여전히 먹먹하지만 다시 출근. 자꾸 공약을 쓰라고 해서, 마음대로 지어 내보내고 있다. 방금 또 주거 공약을 약 30분 만에 알아서 정하고 보도 자료로 배포했다.

   그리하여 이 그림자 대통령은 이와 같은 공약을 발표하였도다. 우선 한 시간 전까지만 해도 뭔지도 몰랐던 '관리비 상한제'를 상업 건물에 전격 도입했노라. 1년에 몇 퍼센트까지 관리비 인상을 허락할지 짐이 5초 정도 숙고해 본 후 맘대로 정하였도다. S 후보가 당선되면 '우리 동네 건물 관리인제'를 마련하겠다고도 선언했노라.

   이러다 페미 독재 공화국 만들겠다고 써서 제출해도 그냥 내보낼 듯하다.

2월 22일 화요일

**D-DAY
3월 9일 수요일**

(D-14)

당 전체에 '집중 유세 기간'이 선포되었다. 다들 전국으로 유세를 다니는데 아무도 나에게는 권유하지 않아서 빨리 퇴근하고 동성애 한다. 왜 나한테는 유세 가자고 안 할까? 1. 지랄할까 봐 2. 귀 멀까 봐 3. 공보국장이라 사무실에서 기자랑 소통하면서 앉아 있어야 해서…… 물론 3번이 이유일 가능성이 가장 크지만, 내 몫으로 주어진 패딩은 사무실에서 다리가 시릴 때 덮는 용도로 전락했다.

나를 제외한 모든 팀원이 전주로, 대구로, 전국으로 들락날락한다. 그럴 때마다 몸의 반 만한 폼보드 피켓이 사무실에 쌓였다가 또 없어진다. 여기에서 꽤 일했는데 피켓 문구가 낯설다. 자발적 퇴사자 구직 급여 지급, 청년 건강권 심리 치유 센터, 청년 주거 급여 확대, 청년 일자리 30만 개 보장제…… 우리 언제 일자리를 30만 개나 보장해 주기로 한 거야? 심리 치유 센터는 또 뭐고?

"저희 피켓 문구는 무슨 기준으로 정하는 건가요?"

"모르겠어요……."

어쩌다 건물 관리실에서 전달해 준 영수증을 보았는데, 여기 사무실 월세가 462만 원이라고! 그 돈이나 아끼지! 왜 이상한

데에서 지출을 줄이려고 온갖 노력을 하는 거야. 이곳 공간의 3분의 1도 제대로 안 쓰고 있는데. 어제는 나더러 노원구에 실수로 두고 온 피켓을 수거해 오라고 했잖아. 퀵 부르는 값보다 심미섭이 업무를 멈추고 다녀오는 편이 더 저렴하니까.

  훨씬 붐비는 정당 본부에서(거기는 화장실에서 온수가 나올까?) 일하던 팀이 이곳으로 들어오려고(혹은 우리랑 자리를 바꾸려고) 잠깐 답사를 왔다가 그냥 돌아가는 일도 있었다. 엘리베이터를 타고 올라올 때부터 이사할 마음은 접었던 것 같다. 가끔씩 덜컹거리지만 본격적으로 고장 난 적은 한 번도 없던 엘리베이터가 언제나처럼 4층과 5층 사이, 그러니까 4.7층쯤에서 멈췄다. "어어, 이거 왜 이래." 하며 겁에 질린 아저씨들은 다리를 높게 들어서 엘리베이터에서 내린 다음, 예의상 사무실을 훑어보고 뒤도 안 돌아보며 떠났다. 공간이 더 좁아지더라도 자리를 바꾸고 싶었는데. 여기서 고립된 채 무슨 일을 해내고 있는지 전혀 감이 안 잡히니까. 적어도 본부와 공간이라도 공유하면 실마리가 떠오를까 싶었다.

  토론회를 준비하러 잠시 국회로 출장을 다녀왔다. 국회의사당의 보안은 '오션스' 시리즈에서 주인공들이 어이없는 속임수로 뚫어 버리는 보안 시스템을 연상케 한다. 검문 기준이 정해진 것은 아닌지, 게이트에서 잡혀 검문을 받을지 아니면 그대로 통과될지를 당최 가늠할 수 없다. 여기 보안팀에서도 초단시간 노동이 일반적인 것일까? 아니면 노동 강도 때문에 오랫동안 근무하기가 힘들어서 일하는 사람이 계속 바뀌는 상황일까? 올 때마다 늘 다른 직원들이 매번 다른 방식으로 당황하며 우리를 막거나 들여보낸다.

    세상은 거대한 와르르맨션이 아닐까? 어디 임기응변 없이도 이성의 톱니바퀴처럼 잘 돌아가는 업종이나 분야는 정녕 없을까?

(D-13)

대선이 2주나 남았다니. 이틀 후에 끝나야 할 것 같은데.

다음 주말에 광주로 유세를 가기로 했다. 너무 기대돼! 서울 아닌 곳에서 거리 유세를 하게 된다면, 내가 태어나거나 자란 동해시나 고양시 아니면 광주광역시로 가고 싶었다. 광주에서 ○○당은 어떻게 받아들여질까? 환대받을 수 있을까?

태어났을 때 나의 집은 광주였다. 즉 주민등록초본을 떼면 광주광역시장의 권한으로 내 탄생이 등록되어 있다. 광주는 외가 식구들이 자란 곳. 틈만 나면 할머니 댁에 가던 엄마가 그해 봄에는 그냥 서울에 머물기로 하며 혹시 모를 화를 피할 수 있던, 오직 그곳 출신이라는 이유 하나만으로 할아버지가 개국부터 다니던 방송국에서 해고당한 기억으로 남은 도시다.

하지만 내가 태어날 즈음 광주에 살고 있었던 이유는 그곳이 엄마네 집안의 터전이라는 사실과는 상관없다. 엄마는 당시 광주에 친구가 한 명도 없었고, 친척도 거의 남아 있지 않았다고. 나는 아빠가 민주화 항쟁에 대해 쓰기로 결심하며 광주에서 삶의 첫 몇 년을 살게 되었다. 갓 결혼한 아내와 함께 연고도 없는 광주로 간 아빠도 그렇지만, 임신한 몸으로 백수나 마찬가지인 남편을 따라 이사를 간

2월 24일 목요일

D-DAY
3월 9일 수요일

엄마도 보통은 아니다.(엄마와 아빠는 내가 겪은 적도 본 적도 없는 사랑을 했던 건 아닐까? 지금 나보다 더 어린, 사랑에 미친 사람들이었을 수도 있지만.)

갓난쟁이였던 나에게 광주에 대한 기억은 단 하나도 남아 있지 않다. 그래도 혁명과 소설 때문에 그 도시에서 태어났다는 점을 난 늘 자랑스럽게 여긴다. 아빠와 연을 끊고 그에 대해 언급하지 않게 되었지만, 내 고향이 광주임을 설명할 때만큼은 그가 작가임을 밝힌다.

이제 광주는 비엔날레를 구경하러 가는 도시다. 성인이 되고 처음으로 광주에 발을 디딘 순간이 떠오른다. 버스 정류장 앞에 '쇼 미 더 머니' 콘서트 포스터가 붙어 있었는데, 콘서트 장소가 '김대중컨벤션센터'라서 개운하게 웃었다. 도청 근처에서 「임을 위한 행진곡」이 흘러나왔고 전일빌딩에서는 아직도 외벽에 남아 있는 총알 자국을 보았다. 숙소로 돌아가는 택시에서 기사님은 서울에서 왔냐고 물었다. 그렇다고, 광주에서 이런 경험들을 했다고 신나서 늘어놓으니 기사님은 다소 극적인 침묵 후에 말했다. "내가 한열이 고등학교 지리 선생님이었소."

나는 그 도시를 사랑할 수밖에 없었다. 아니, 사랑이란 말은 너무 경박하다. 그저 내가 어떻게든 광주와 연결되어 있어서 기뻤다.

이야기가 길었다. 광주에 출장 갈 일이 무척 설렌다는 뜻이다. 어제는 만화가와 딤섬을 먹고 그의 집으로 갔다.

손만 씻고 침대 아니 매트리스 옆에 앉아 있는데 그가 갑자기 물었다. "우리 연애할래?" 그는 깜짝 놀란 내게 되물었다. "내가 이런 얘기 안 할 줄 알았어?"

이런 상황을 난 '고백 공격'이라 부른다. 서로 연애할 계획 없이 가볍게 만나다가 갑자기 "네가 내 여자친구가 되었으면 좋겠어."라고 하는 거. 그럼 난 '철학 공격'으로 반격할 수 있다. 이런 식이다. "연애가 뭔데? 네가 생각하는 연애가 뭐냐. 연애를 어떻게 정의하는지에 따라서 네 말의 의미가 달라지겠지. 그래? 그럼 지금 우리가 하는 행위가 연애가 아닐 건 또 무엇이지? 네 정의에 따르면 말이야. 그런데 왜 굳이 연애를 하자고 해? 마치 '맛있다'처럼 감각적이고 직관적으로 나오는 말인 거야, 아니면 다른 원인이 있는 거야?" 이런 치사하고 짜증나는 화법을 쓰는 이유는…… 사실 정말로 궁금하기 때문이다. 또 생각할 시간을 벌기 위해서이기도 하고.

그런데도 실상 고백 공격에는 여전히 거절당하는 쪽에 더 감정을 이입하게 된다. 심지어 내가 차는 입장이라도 그렇다! 이게 무슨 기만인지. 동정해서가 아니라(동정이 정확한 말일 수도 있지만) 감정 이입을 해서 그렇다. 어린 나는 늘 거절당하는 쪽이었으므로. 언젠가 좋아했던 여자애가 나를 거절하자 그걸 받아들이지 못하고 몇 번이나 더 고백했다. 내가 한 말은 이거였다. "너를 좋아해." 그 애의 대답은 이랬다. "난 너랑 사귈 수가 없어." 그 말에 흠칫 놀랐는데, 단순히 거절당해서는 아니었다. 사귀자는 제안이 아니었는데? 그냥 좋아한단 거였는데 왜 사귈 수 있다, 없다로 답하지? (지금은 저 때보다는 사회적 맥락을 읽으며 대화한다.)

어쨌든 만화가의 고백 공격은 철학 공격으로 잘 받아쳐서 대답을 미루며 잠들었다. 혹은 그가 그저 체념한 것인지도. 오늘 아침 일어나서 아주 짧은 섹스를 하고 각자 출근처로 헤어졌다. "또 만날 수 있어?"라고 물어보길래 "그럼." 하고 거짓말을 했다.

거절당한 기억은 거절한 기억보다 훨씬 선명하다. 내 자아의 일부는 거절당하던 그때 그 순간에 아직까지 남아 있다. 누군가를 거절해야 하는 순간에 그 자아가 잠시 돌아온다. 그리고 미안해지는 게 아니라, 그냥 서러워진다. 실망하는 상대를 보는 것은 과거의 내 한 조각을 다시 마주하는 사건이다. 지금은 그걸 감당할 수 있는 상태가 아니다.

(D-12)

H가 기억할지 모르겠지만, 그는 나와 헤어질 때 말했다. "네가 다른 여자들을 많이 만나 봤으면 좋겠어." 자신이 내 유일한 여자라서 힘들었다는 듯이. 그렇게까지 악의를 가지고 한 말은 아니었나. 또는 내가 그에게서는 단 한 점의 악의도 찾지 않으려 하나. 아무튼 나는 그 말을 그냥 그대로 따르려고 노력했다. 그래서 여자를 계속 만났다.

| 2월 25일 금요일

D-DAY
3월 9일 수요일

(D-11)

아무리 가까운 사람이라도 한발 떨어져 지켜보는 태도는 엄마로부터 배웠다. 상식 밖의 행동을 하는 아빠를 두고, 엄마는 한 번도 그를 욕하거나 탓하지 않았다. 자식을 지키려는 노력이었다고 생각한다. 서로를 욕하는 부모는 자식에게는 학대에 가까운 고통을 줄 수 있으니까.

그러나 "글을 쓰는 사람은 자기뿐 아니라 주변인도 망친다."라며 이미 남편에 대한 분노를 표출하지는 않았나? 대상을 낭만화한다고 해서 그 대상을 탓하지 않는 것은 아니다. 어쩌면 더 치사한 방식의 비난이다. 그가 '내 인생을 망쳤다.'가 아니라 '어떤 사람을 망친다.'라고 말하는 방식이니.

이랑은 어느 날 "더 이상 내 인생을 블랙 코미디라고 여기지 않기로 결심했다."라고 말했다. 그게 가능하다는 걸 그때 처음 알았다. 상상조차 해 보지 못했다. 삶을 희극으로 서사화하면서 고통을 웃어넘기는 방식은 내 갑옷이었다. 페미당당 활동을 하면서 악플을 받게 되자 개중 가장 터무니없는 내용을 조롱하며 친구들을 웃기는 식이었다.

"냉소라도 하지 않으면 대체 어떻게 제정신으로 살라는 말이냐."라는 나의 외침에 이랑은 감정을 그대로 받아들이며

'오직 나만을 위한 일기'를 쓰라고 조언해 주었다. 나는 "그럼 너무 유치해지는 것 아니냐."라고 또 비명을 질렀다.

    조언대로 아무도 보지 않을 일기를 써 보려고 했다. 특별히 더 내밀한 이야기가 술술 나오지는 않았다. 누가 보여 달라고 하면 그럴 수도 있을 것 같았다. 부끄럽지 않으니, 어쩐지 가짜 같았다.

    겪은 일을 곧장 서사화함으로써 인생과 거리 두는 버릇은 분명 나를 지켜 주었다. 그러나 요즘은 감각을 정돈하지 않고 어떻게든 표출하는 사람들이 부럽다. 냉소적 언어가 아니라 악소리로 풀어내고 싶은 응어리가 점점 커지고 있기 때문이다.

    편집자가 아니라 시인의 딸로 자랐다면 그럴 수 있었을까? 또 엄마 탓이나 하기는 싫지만…….

2월 26일 토요일

D-DAY
3월 9일 수요일

(D-10)

홍대 상상마당 앞에서 S도 참여하는 유세를 했다. 나는 S의 지지 연설을 했다. 사람들은 텔레비전에 나오는 누구든 만나면 반가워하는 게 아니었던가? 어쨌든 유명인이 주말 홍대 앞에 나왔는데 이렇게나 무관심해서 조금 놀랐다. '정치인은 못생긴 연예인'이라는데, 그마저도 안 되는 것 같아.

S 후보 지지 연설:

    페미니스트 활동 그룹 페미당당의 심미섭입니다.

    내가 사는 이 땅에서 S 후보의 득표율이 간절한 사람들이 있습니다. 깊은 밤 임신중지약 미프진을 구하며 전화를 돌리는 사람들에게, 믿었던 이에게 성폭력을 당해도 2차 가해 때문에 고발을 망설이는 피해자들에게, 사랑하는 사람과 함께하고 싶을 뿐이지만 그래서 존재가 지워지는 성소수자들에게 S란 선택지는 그 무엇보다 절실합니다. 그래서 저에게 S에게 던지는 한 표는, 제 존재와 가치 그리고 저의 사랑을 대한민국이라는 땅에 뿌리내리게 하는 절실한 표입니다.

    여러분 바로 지금 옆에 있는 동료 시민의 얼굴을 한번 살펴보세요. 저는 이 자리에서 혐오 발언을 들을 위협도, 제 존재를 숨겨야 할 압박도 느끼지 않습니다. 매일이 지금 이 순간처럼 안전하고, 어디서든 이렇게 당당할 수 있다면 얼마나 좋을까요.

이번 대선은 저에게 그런 의미입니다. S 후보가 3퍼센트 득표하는 대한민국과, S 후보가 10퍼센트 득표하는 대한민국에서, 여성 페미니스트 성소수자인 동시에 평범한 직장인이자 학생이자 딸인 저는, 전혀 다른 공기를 마시며 살게 됩니다. 대한민국이라는 나라에서 사이좋고 든든한 이웃들과 안전하고 당당하게 살아갈 수 있을까. 그 판단을 하게 되는 날이 곧 올 것입니다.

어떤 사람들은 이야기합니다. S를 뽑는 건 절실하지 않아서라고요. 대체 누가 대통령이 될까 저도 무척 두렵습니다. 하지만 그 이상으로 절박합니다. 3월 9일 선거일과 그다음 날 집 밖으로 나서면서, S를 지지하는, 내 존재를 존중하는, 이 싸움을 함께하는, 그런 동료들이 이렇게나 많이 있구나 하고 안도하고 크게 숨 들이쉴 수 있는 날이 오기를 용기 내 바라며.

S 후보에게 그리고 여러분 자신에게, 가장 절실해서 가장 용감한 이들에게 한 표를 주시기를 간곡하게 부탁드립니다.

이런 '감성 글'까지 써서 읽다니, 난 이제 S에게 빚을 다 갚은 것 같아.

| 2월 27일 일요일

D-DAY
3월 9일 수요일

(D-8)

 본래 광주에 유세를 가기로 한 날이었다. 공휴일에도 일을 하겠다고 자원한 속내는 광주에서 S 후보의 이름을 외치면 어떤 반응이 돌아올지가 궁금해서였다. 일주일 전부터 기대하고 있었는데, 어제 갑자기 "공보국장님은 댁에서 재택근무 부탁드립니다."라는 문자를 받았다. 선거 자금이 부족하니 비행기가 아닌 기차를 타고 지방에 다니라고 위원장에게 누가 핀잔을 준 것 같은데, 그 때문인가? 아무튼 내 유일한 지방 출장은 무산되었다. 왜인지 물어보지도 않았다.

 H가 살아 있더라. 헤어진 이후에 인스타그램에서는 차단당했고, 트위터에서는 아무 말도 하지 않길래 혹시 죽었나 싶었다. 샌프란시스코에서 재외국민 투표했다고 게시물을 하나 올렸더라. 내가 갑자기 대선 캠프에 들어갔다는 소식은 봤을까? 평소 그의 성격답게 내 트윗은 다 뮤트해 놓았을까.

(D-7)

마지막 대선 토론회가 있는 날이다. S 후보는 득표율 3퍼센트도 안 나올 것 같다. 나는 종로구에 다녀왔다. 서울 곳곳으로 유세를 나간 동료들과 달리 왜 나만 종로로 불렀나 했는데, 위원장이 종로구 보궐 선거 트럭 유세를 지원하게 되어서였다.

여전히 트럭 유세에 당 지도부가 동원되는 광경이 너무 이상하다. 연설을 하는 것도 아니고 행인을 향해 손을 흔들고 있을 뿐인데 효과가 있다고? 트럭 위에서 얼굴도 이름도 모르는 정치인이 롯데월드 퍼레이드처럼 손을 흔들어 주면, 그 트럭에 쓰인 이름에 한 표 던지고 싶어진다고? 정말로?

혜화로 이동해서는 대선 후보 유세 트럭과 마주쳤다. 다들 어떤 아저씨한테 인사하길래 봤더니 S의 남편이었다. 잘 몰라도 트럭 근처에서 인사하는 사람들을 '선거 사무원'이라고 부르더라. 선거 사무원은 선관위에서 배부한 명찰을 차야 하는데 나 같은 피라미들은 이걸 돌려 가며 쓴다. 더 중요한 사람들은 개인 명찰이 따로 있고. 후보 남편에게는 '배우자'라고 쓰인 명찰이 나오더라. 어떤 직업인의 배우자란······.

김진숙 지도위원은 S 후보 지지 선언을 하면서 "언론에 제대로 노출이 안 되는 게 부인이 없어서"라고 농담했다. 정말

| 3월 1일 화요일
| 3월 2일 수요일

D-DAY
| 3월 9일 수요일

그런가? 후보의 남편이나 아들에 대해 트집 잡으려는 언론이 있었지만, 일단 후보 본인이 인기가 있어야 가족 흠을 잡을 흥도 날 테고. 하여튼 '아내'보다 언론에서 인기 좋은 주변인은 없는 것 같다.

여성 정치인의 '남편'이 실제로 존재감을 드러냈던 일이 있었나. 기억난다. 코로나19로 특별여행주의보가 내려졌음에도 강경화 장관의 남편이 요트를 사기 위해 출국했었지. 강 장관은 송구스럽다고 대신 사과했지만, 무엇보다 그 남편의 태도가 인상적이었다. '내 삶 내가 사는 건데' 자신의 욕망을 결코 양보할 수 없다는 자세. 어느 정치인의 아내도 그렇게 뻔뻔하게 언론 앞에 설 수는 없으리라.

자신의 이름을 포기하고, '후보 배우자' 명찰을 달고 누구보다 열심히 손을 흔들고 인사하는 S의 남편을 보며 양가감정이 일었다. 솔직히 나도 그를 보면 기분이 좋았다. 가정주부로 내조하는 '조신하고 헌신적인 남성 동지'라니, 세상의 믿을 구석은 바로 여기 있지 않나. 그렇지만 내가 명색이 페미니스트인데 마음을 고쳐먹었다. 세상 모든 아내들이 다 하는 내조 덕에 특별한 남편이라고 평가받는 그를 보면서.

(D-6)

대선 전 마지막 토론회에서 이재명이 갑자기 페미니스트가 됐다. 민주당 소속 광역 단체장들의 권력형 성범죄와 당 차원의 2차 가해에 사과를 하더니, 페미니즘은 "여성에 대한 성차별과 불평등을 현실로 인정하고 시정해 나가자는 운동"이라고 발언했다. 저출생에 영향을 주지는 않을 것이라면서.

그동안 '20대 남성'의 표심에 집중했던 대선이다. 이재명은 문재인 정권의 페미니즘 친화적 정책 때문에 청년 남성 지지를 받지 못했다며 "광기의 페미니즘을 멈춰야" 한다는 글을 공유했고, 지속적으로 여성과 소수자 의제에 거리를 둬 왔다. 대선이 코앞으로 닥쳤는데도 젊은 남성의 표를 얻지 못할 것 같으니 노선을 바꿔 젊은 여성의 표를 얻으려는 의도로 보였다.

냉소적으로 바라볼 필요는 없을지도 모른다. 정치 세력화된 여성의 목소리가 대선 후보에게 늦게나마 닿았다고 해석한다면 정치공학적인 승리 아닌가.

그런데 정치는 참 무섭다. 이재명이 페미니즘에 대해 얘기했다니까 '헉. 안 되는데.'라는 생각이 가장 먼저 드는 거 있지. 왜 안 돼? S를 지지하지만 윤석열의 당선을 막기 위해서는 이재명을 뽑아야 한다고 생각하는 많은 친구들이

| 3월 3일 목요일

D-DAY
| 3월 9일 수요일

완전히 설득되어 버릴까 봐. 더 간단히 말하자면 이재명이 S의 표를 빼앗아 갈까 봐 두렵다.

    그렇다면…… 대선 기간 내내 젊은 여성 유권자의 표를 '집토끼' 취급하고 있던 건 이재명이 아니라 나였나? 그게 아니더라도, 친구들을 정치인의 말 한마디에 쉽게 넘어가는 가벼운 존재로 여기며 걱정하는 건 나의 여성혐오 아닌가? 활동가로서 페미니스트와 청년 여성의 목소리가 기성 정치를 꿰뚫었다면 마땅히 승리감을 느낄 일이다. 그 발언을 신뢰하고 협상의 여지를 둘 것인가와는 별개로.

이번 주 안에 처리할 사항:
    논문 심사서, 연구생 등록, 청년 적금, 예술인 등록, 주택 청약.

(D-5)

사전 투표 첫날이다. ○○당 대선 캠프에서는 "최선을 꿈꿔 보지 않는 정치는 아무것도 바꿀 수 없습니다."라는 문구를 전면에 내걸고 사표론 방지를 최우선으로 유세에 나섰다. 그 첫 일정으로 이화여대와 성신여대 앞에서 지지 유세를 진행했다.
    이제 재택 업무만 남았고 거리로도 여의도로도 안 간다. 얼떨떨하게 침대에 가만히 누워 있다. 그동안 무슨 일이 있었던 거지. 대선 캠프에서 일하며 선거 결과를 걱정하는 친구들에게 내가 이곳을 맡고 있다고 말할 수 있어 기뻤다. S가 아니라 너희를 생각하며 이 일을 했어.

3월 4일 금요일

D-DAY
3월 9일 수요일

(D-4)

○○당에서 일하며 쓴 글을 남의 이름으로 발표하는 데 그토록 염증 반응을 일으켰던 이유는 무엇일까? 그 일을 하기로 고용되어 월급까지 받고 있지 않나. 만일 위원장이 아니라 후보의 이름으로 나가는 글이었다면 이처럼 분개하지는 않았을까? 한 사람의 당선을 위해 일하기로 한 주제에 내 이름, 내 작업이라는 크레딧을 챙기기 위해 안달하는 모습이 모순적이지는 않나. 나는 뭘 기대한 걸까?

   사회에 진입하는 '젊은 여자'로서 '크레딧 챙기기'를 중시해야 한다는 조언을 많이 들었다. 무슨 일을 하든 내가 많이 노력했다는 티를 내지 않으면 아무도 공을 알아주지 않는다고. 특히 겸손과 희생을 강요받는 여자들이니 더 의식적으로 챙겨야 한다고.

   페미니스트 활동가로서는 크레딧 챙기기가 개인이 아니라 우리 단체, 나아가 여성 운동 전반에 대한 의무 같기도 했다. 여성의 역사는 지워지기 마련이라는 경고와 함께. 개인의 영달을 위해서든, 여성들을 생각해서든, 어떤 이유에서든 나는 그동안 보존과 기록에 꽤 힘썼다.

   2021년에는 그동안 페미당당이 활동한 내용을 온라인과

오프라인으로 모아서 전시하는 아카이브 프로젝트를 진행했다. 화용이 한 말이 계기였다. 광화문 교보문고에 가서 박근혜 정부 퇴진 시위를 기록한 두꺼운 책을 들춰 봤는데, 페미존 언급은 아무리 찾아도 없었다고 했다. 정말로 우리는 역사에서 이렇게 사라지겠구나. 그렇다면 직접 기록해 남기자는 결심이 아카이브 프로젝트의 시작이었다.

 실은 언젠가는 이런 전시를 할 거라고 믿는 사람처럼 살았다. 검은시위를 준비할 때의 회의 기록부터 퀴어 퍼레이드에서 들었던 분홍색 장난감 총까지…… 페미당당에 관련된 자료는 하나도 버리지 않았다. 수납 공간이 턱없이 부족할 뿐 아니라 1년에 한 번은 무조건 다른 방으로 이사해야 하는 기숙사에 살 때도 자료를 모은 박스만은 침대 아래에 넣어 보관했다.

 나는 늘 우리가 역사를 쓰고 있다고 굳게 믿었다. 이는 중대한 일을 한다는 감각과는 조금 다르다. 어떻게든 우리가 하는 일을 중요하게 남기겠다는 다짐에 가까웠다. 드디어 그 잡동사니들을 꺼내 전시대 위에 올리니 희열이 느껴졌다.

 모든 자료를 모아 놓은 이유는 내가 삶을 서사화하는 데 익숙해서인지도 모른다. 또한 기록은 현실에 권력을 더하는 일임을 본능적으로 알기 때문일 수도. 똑같은 하루를 보내도 그에 대해 내가 쓰면 일기가, 엄마가 쓰면 블로그 글이, 아빠가 쓰면 신문 칼럼이 되어 버린다. 그걸 목격하며 자랐는걸.

| 3월 5일 토요일

D-DAY
| 3월 9일 수요일

그럼 나는 쓰기라는 권력을 행사하고 싶었을까? 글쓰기라는 내가 가진 그 유일한 힘이 ○○당에서는 남의 것이 되기 때문에, 게다가 그 '남'이 후보조차 아니기 때문에 화가 난 것일까? 그렇다면 S라고 괜찮을 이유는 또 무엇이란 말인가. 역시나 그가 소수자를 챙겨 준 덕분일까. 만일 S 자신이 성소수자였다면, 지금처럼 은혜를 갚아야 한다고 절절매지는 않았을지도 모르겠다.

S가 지난 대선 토론회에서 "저는 이성애자지만 성소수자들의 인권과 자유가 존중돼야 합니다."라고 말하는 대신 "저는 사실 성소수자입니다."라고 말하는 순간을 상상해 보았다. 그러면…… 나는 그를 위해 울었을 것 같다.

S는 그날 토론회 이후 인터뷰에서 "티브이를 보고 계신 수많은 성소수자가 너무 슬퍼할까 봐 1분 발언권 찬스를 썼다."라고 말했다. 만일 그가 성소수자로서 "내가 슬퍼서 그랬다."라고 말했다면? 나는 그와 함께 슬퍼했을 것이다.

아! 내가 S에게 빚을 졌다고 생각하는 이유는 그가 당사자가 아니라서였구나.

하지만 연대는 그렇게 작동하는 게 아니다. 연대는 번갈아 가며 빚을 지는 품앗이도, 애정에 기반한 편들기도 아니다. 그저 옳은 일을 함께하는 행위일 뿐이다.

만일 S가 당사자로서 성소수자 인권을 이야기했다면 나는 그를 위해 무언가를 희생해야겠다는 생각도, 그를 어떻게든 도와야겠다는 결심도 하지 않았을 것이다. 그렇다면 그가 당사자가 아니라도 마찬가지여야 했다. 나는 S에게 갚을 빚이 하나도 없었다.

(D-3)

만화가를 차단했다. 일종의 고백에 일종의 거절을 했는데도 친구로 지내자고 하길래. 건축가와는 여전히 연락하지만 특별히 잘될 것 같지는 않다.

H와 헤어졌다는 사실이 아직도 실감이 잘 안 난다. 캐주얼 데이트를 많이 할 때는 이별이 납득되었는데, 새로운 관계를 만들기 시작하니까…… 웃긴 말이지만 아직도 H가 내 여자친구인 것 같다. 다만 엄청난 시차 속에 살고 있는.

연인 관계를 그만두고 친구로 지내자는 것은 또 무슨 말일까. H는 내게 이별을 통보하며 10여 년을 사귀다가 헤어지고 친구로 지내는 레즈비언 커플 이야기를 했다. 우리도 그럴 수 있지 않겠냐고. 그러나 그건 붙잡는 입장에서나 할 수 있는 말이라고 생각했다. 내가 너랑 왜 친구가 되어야 하는데? 너랑 애인도 아닌데.

친구와 애인은 다르다. 특히 레즈비언 관계에서 그것들이 유난히 혼동되거나 오해받기도 하지만. 단순히 섹스를 하는 사이인지 아닌지를 넘어 그 둘 사이에는 큰 차이가 있다. 친구는 자연스럽다. 같은 반이었으면 급식을 함께 먹었을 애들. 애인과는 교복을 입고 책상을 모아 붙이고 같이 밥을 먹는 장면을 상상할 수 없다. 애인은 절대 친구는 될 수 없을 정도로 다르지만 어떤 운명 혹은 노력에 의해 둘만의 세상을 만들게 되고, 그래서 역설적으로 더 큰 세계를 보여줄 수 있는 사람.

    최근 깨달았다. 나는 H가 나를 좋아하는 만큼 그를 좋아하지 않았다. 나보다는 H가 그걸 더 잘 알았을 테고, 그래서 연애 내내 힘들었겠다는 생각이 들었다. 나는 그를 더 좋아하려고, 그는 나를 좋아하는 마음을 표현하는 걸 자제하려고 노력하며 아슬아슬하게 균형이 맞추어진 것 같다. 무려 5년 동안이나. 그동안 우리의 삶이 얼마나 달라졌을까?

| 3월 6일 일요일
| **D-DAY**
| **3월 9일 수요일**

(D-1)

서류 받을 것이 있어 중앙당에 잠시 출근했다가 ○○당 '지도부'라는 아저씨와 대화했다. 대선 기간 수고했다고, 그동안 어떤 일을 했냐고 물어보더라. 위원장의 라디오 출연을 준비해 주고, 인터뷰하면 할 말을 대신 써 주고. 그런 작업을 매주 했다니까 그분 표정이 묘해졌다. "본인 정치 활동을 정당 직원한테 시키면 어떻게 해."라고. 그러니까 내가 세 달 동안 해 왔던 일들이 사실은 위원장 개인을 위한 것이었다고? 그리고 원래 정당은 그렇게 작동하는 것이 아니었다고?

(D-Day)

지금 분위기로는 선거 결과가 별로 좋게 나오지 않을 것 같다. 애초에 '좋은 결과'란 무엇인가? 10퍼센트 넘게 득표해 ○○당이 선거비를 보전받을 수 있다면 좋은 결과일까? S 혹은 S가 상징하는 가치에 표를 준 사람, 즉 나의 편이 한 명이라도 더 많다면 좋다고 할 수 있을까? '편'이라는 배타적인 단어를 어쩔 수 없이 쓰게 되는 판이 바로 선거일까?

정말 솔직히 결과가 어떻게 되든 난 괜찮다. 선거 캠프에서 한 일은 예상과 달랐지만, 나는 최선을 다했다. 건강이나 노동자로서의 긍지를 해치면서까지 최선을 다하지 않기 위해서 또 최선을 다했다. 모든 최선들은 궁극적으로 '더 나은 세상'을 만들어내기 위함이었는데, 말은 거창하지만 결국은 복수라는 사적인 동기가 그 출발이었다. 이타적인 행위는 전혀 아니었다.

나를 떠난 H에게 복수하기 위해서, 후보에게는 젊은 퀴어 여성으로서 마음의 빚을 갚기 위해서 이 일을 시작했다. 중간중간 감동하거나 몰입할 때도 있었지만, 기본적으로 그 불온한 목적성을 두고서도 이제 할 만큼 했다 싶다. 결과가 어떻든 마음은 한결 가볍다.

그러고 보니 후보에게 진 빚을 '갚아 주겠다'는 마음도 복수심으로 해석할 수 있을까? 고마운 일에 대해서도 복수할 수 있냔 말이다.

심리학과 대학원을 다니는 친구 연지의 연구를 도와주기 위해 'TCI 기질 검사'라는 심리 검사를 한 적 있다. 결과 항목 중 '연대감'이 평균보다 조금 높은 정도에 그쳤는데, 기대한 바와는 달라서 실망스러웠다. 검사 결과를 상세하게 설명해 주던 연지에게 의아하다고 말했다. "나는 활동가잖아? 연대가 직업이라고." 연지는 눈을 치켜뜨더니 두꺼운 해설서를 펼쳐 한참 읽었다. "이 검사에서 말하는 연대감은 일상어와는 그 의미가 조금 다르거든. 아, 미섭이 너는 복수심이 높아서 연대감이 낮게 나온 경우네."

부정할 수 없어서 웃어 버렸다. '갚아 주겠다'는 의지는 내 삶의 큰 원동력 중 하나다. 선거 캠프에 들어오면서 H에게 보여 주고 싶었다. 나를 버리며 떠난 한국에서 내가 기어코 잘 사는 모습을. 그가 선택한 '선진국'보다 그가 버리고 간 여기를 더 멋진 세계로 만들어 버리고 싶었다. 그를 후회하게 해 주겠다. 아니, 잘못된 선택을 돌이킬 수 없다는 절망감에, 결코 후회하지 않는다고 영원히 자신을 속이며 살아가게 만들겠다.

은혜를 갚겠다는 마음 역시 복수와 닮아 있다. '받아들임'의 반대처럼 느껴진다는 측면에서 말이다. 화장실에 간 사이에 데이트 상대가 식사 계산을 다 마쳐 놓으면 민망하게 웃으며 "복수할 거예요."라고 응수하는 게 내 버릇이니까. 당연히 내 것이어야 할 호의를 마주한 듯, 감사의 말 한마디만으로 상황을 마무리하기란 불가능에 가깝고.

그러나 S가 보여 준 연대는 다른 어떤 것보다도 그대로 받아들여도 괜찮았다. 진보 정치인이 마땅히 보여야 할 언행이었다. 진심으로 "대한민국의 모든 권력은 국민으로부터 나온다."라는 명제를 믿었다면, 시민의 한 사람으로서 나를 대변해 주었다고 정치인에게 황송해할 이유는 없었다.

의식적으로 어깨를 한 번 폈다. 복수심 항목이 높은 사람은 연대감이 낮을 수밖에 없다는 심리 검사 결과가 이해됐기 때문이다. 복수란 내가 무언가를 받았기 때문에 갚아 주는 것이다. 그러므로 '고마워서 하는 복수'는 성립할 수 없다. 진심으로 고맙다면, 상대에게 빚을 졌다고 되갚는 대신 그와 연대할 일이다.

H에게는 어떨까. 그는 내가 복수심에 불타고 있다고는 상상도 못하겠지. 혹시 짐작했으려나. 누구보다 나를 잘 아는 사람이니까. 아니, 그는 나에 대한 어떤 상념도 떠올리지 않을 것이다. 나를 생각하지 않고 살아가기로 결심한 사람이니까. 작년 이별 통보를 받고선 빌고 빌어 일주일간의 생각할 시간을 얻어 냈었다. 초조하게 일곱 날을 버티고 드디어 전화를 걸어 그동안 어땠는지 물었다. 그는 대답했다. "편했지."

"잘 사는 것이 최고의 복수다."라는 말이 있다. 정말 그런가? 이별을 통보한 이는 이미 나에게 관심이 없을 텐데. 다른 세계로 떨어진 우리는, 아니 이제 우리가 아니지, 너와 나는 그저 어떻게든 살아갈 뿐이다. 내가 어떻게 살든, 저쪽 세계 속의 그는 아마 내가 없는 세계에서 그저 편할 테다. 그런데 나는 대체 어떻게 복수를 한다고 나섰던 거지?

  H에게 하는 복수란, 샌프란시스코의 H가 아니라 내 세계 속의 표상인 H를 향하는 것이었다. 내가 잘 삶으로써 '네가 없는 나'를 완성시키려 했지만, 애초에 그 복수심의 근원이 '너'라는 점에서, 이는 결코 성공할 수 없는 복수였다. H를 생각하지 않으며 그를 지우기는 불가능하니까. 진짜 최고의 복수, 아니 유일한 복수를 하기 위해서는, 복수를 잊어야만 했다.

에필로그

딸들은 아주 어릴 적부터 엄마를 키운다. 엄마가 노인이 되고 부양이 필요해지기 한참 이전부터. 엄마는 내가 고등학생 때 갑자기 미안하다고 했다. 네가 첫째라 그동안 너무 엄하게 키운 것 같다는 말이었다. 사과를 들은 나는 어떻게 됐나? 갑자기 애교가 늘었다. 드디어 마음 놓고 어리광을 부릴 수 있었던 걸까? 그런 측면이 없지는 않았겠지만, 여전히 기를 쓰고 노력해야겠다는 마음이 컸다. 엄마가 반성하고 사과함으로써 새롭게 정립된 우리의 관계에 맞게 행동해야 한다는 압박감.

전 여자친구 H와 대선 후보 S는 모두 나를 키워 주었다. 독립적인 인격이자 시민의 한 사람으로 존재할 수 있게 도와주었다는 뜻이다. 내 인식 속에서 서로가 서로에게 투영되어 이미 구별할 수 없게 된 그들은 '엄마'라는 표상으로 귀결된다. 마땅히 나를 키워 주어야만 했던 사람. 그럼에도 결코 충분한 애정을 줄 수 없었던. 결국엔 끝없이 원망을 사며, 자신을 대체할 무언가를 인생 내내 갈구하게 만든 존재.

'엄마'는 나를 키우고, 나는 '엄마'를 키운다. 서로가 동그랗게 꼬리를 문 뱀 두 마리. 그러나 이렇게는 서로가 서로를 깎아 먹을 뿐이다. 우리가 만든 작은 세계에서 벗어나 세상과 소통하기 위해서는, 내가 먼저 엄마의 꼬리를 토하고 물러나야 한다.

나는 더 이상 엄마'들'과 징그러운 애착으로 서로 돌보는 시이가 되고 싶지 않다. 그들과 연대하고 싶다. 연대는 모두 독립된 상태를 전제하는 관계다. 연대는 징글징글한 애착이 없어도 가능하다. 연대는 나와는 전혀 다른 대상과도 할 수 있다. 무엇보다, 연대는 누구에게도 빚을 지우지 않는다.

연대는 집회에서 무지개 깃발을 보면서 익힌 가치다. 점거 투쟁 중인 학교 건물에도, 재개발 철거에 저항하는 골목길에도, 한국사 교과서 국정화에 반대하는 광장에도 언제나 무지개 깃발이 나부끼고 있었다. 스물쯤에는 '퀴어 이슈도 아닌데, 왜 무지개 깃발을 들고 나오는 걸까.' 하고 궁금해했다. 그동안 누구도 그 이유를 구체적으로 설명해 준 적 없지만, 언젠가부터 페미당당 깃발에도 무지개 깃발을 같이 매달게 되었다.

연대는 내가 동질감을 느끼는 사람에게 베푸는 도움이 아니었다. 한 번도 공감하지 못했던 부류의 사람과도 연대의 깃발 아래에서는 동지가 될 수 있었다. 그렇게 몇 년을 보내자, 세상에 나와 관련 없는 투쟁은 없게 되었다.

나는 엄마'들'로부터 독립해야 했다. 엄마를 포기해야 한다는 말이다. 엄마가 나와 같은 사람일 것이라는 바람, 마치 자기 자신을 위하듯 나를 위해 줄 것이라는 기대로부터 벗어나야 한다는 결심이다. '남남처럼 살아가라는 말이냐.'

남남이면 또 어떤가? 나는 이미 그 어떤 타인과도 연대할 자신이 있다. 내가 만난 최초의 타인, 엄마와도.

사랑 대신 투쟁 대신 복수 대신

1판 1쇄 찍음 2025년 7월 22일
1판 1쇄 펴냄 2025년 7월 31일

지은이	심미섭	

편집	최예원 박아름 최고은
미술	김낙훈 한나은 김혜수
전자책	이미화
마케팅	정대용 허진호 김채훈 홍수현 이지원 이지혜 이호정
홍보	이시윤 김유경
저작권	한문숙 송지영
제작	임지헌 김한수 임수아 권순택
관리	박경희 김지현 박성민
펴낸이	박상준
펴낸곳	반비

출판등록 1997. 3. 24.(제16-1444호)
(06027) 서울시 강남구 도산대로1길 62
강남출판문화센터
대표전화 515-2000 팩시밀리 515-2007
편집부 517-4263 팩시밀리 514-2329

글 ⓒ 심미섭, 2025. Printed in Korea.
ISBN 979-11-94087-89-2 (03330)

반비는 민음사출판그룹의 인문·교양 브랜드입니다.

만든 사람들
책임편집   최고은
디자인   한나은
조판   순순아빠